バレーボールのメンタルマネジメント

精神的に強いチーム・選手になるために

MENTAL MANAGEMENT OF VOLLEYBALL

遠藤俊郎◎著

大修館書店

まえがき

我が国でメンタルマネジメント等の用語が頻繁に用いられるようになったのは、ロサンゼルスオリンピックでの日本の惨敗を契機に、翌年、日本体育協会に設置された「メンタルマネジメントに関する研究プロジェクト」に端を発している。それは、大会で自己のベスト記録に及ばずに予選落ちした選手が数多くいたことを憂慮した時の文部省が、原因は技術的・体力的側面もさることながら心理的要素も大きいと、日本体育協会に「こころ」のマネジメントと強化に関する研究を指示したからである。

しかし、プロジェクト開始当時は「メンタルマネジメントとは何ぞや?」「メンタルトレーニングは実際どうやれば良いのか?」といった基本的な理論の構築が必要で、いわばゼロからのスタートであった。私もスポーツ心理学者の端くれとして関心を持ったが、具体的内容に関して暗中模索の状態であった。しかし、90―91年に文部省在外研究員として、スポーツ心理学先進国のアメリカ・ユタ州の大学で学ぶ機会を得て、その認識が大きく変容した。たとえば、ユタ大学のキース・ヘンシェル博士は、「メンタルトレーニングはカセットテープ等にパック化され、決まったプログラムに基づいて行われる」というような知識しか持たなかった私に、「メンタルトレーニングはクリエイティブなものであり、状況に自身が合わせていくもの」であると指摘した。そして、選手や指導者にとってメンタルスキルは現場に即したものであることを説いてくれた。また、ブリガムヤング大学のカール・マクガウン博士は運動学習論を専門とし、アメリカバレーボール界の重鎮といえる指導者で、私にとって願ってもない指導教授であった。初めて同大学男子チームの練習に参加した時、ウォーミングアップや練習方法等があまりにも日本と異なることに戸惑いを感じたが、日を重ね、一つひとつの練習の目的と内容に対する理解が進むにつれ、戸惑いは驚きと感心へと変化した。博士の練習は運動学習の理論に裏打ちされ、豊富な指導経験と知識に基づいた非常に合理的な練習であったのである。理論と実践が見事に統合された練習に、鮮烈な印象を受けたことを覚えている。

私は帰国後、前記研究プロジェクトに参加する機会を得て、様々な競技のメンタルマネジメントに関するサポート活動を現場レベルで行ってきた。実践的に活動できたのは、アメリカでの研鑽の成果であったと認識している。本書の内容は、主に選手やチームに関するメンタルトレーニング（第1章～第3章）と運動学習理論に基づいたコーチング（第4章）で構成されているが、ユタ州での在外研究にルーツがある。加えて、バレーボールに関しては、91－98年には全日本ジュニア女子チーム（西本哲雄監督）のトレーナー、00－04年には全日本男子シニアチーム（田中幹保監督）のメンタルアドバイザーとして、コーチングスタッフの一翼を担う機会を得たことは、競技現場に即した実践という意味でかけがえのない経験となった。また、ビーチバレーではシドニーオリンピック4位の佐伯美香選手・高橋有紀子選手、アテネオリンピック出場の徳野涼子選手たちへ心理的サポートを提供してきたことも、主に電子メールによるコンサルテーションではあったが、彼女たちの心理的成長を垣間見ることができて貴重であった。

このような活動の中、「すぐに使えるメンタルマネジメントワンポイントアドバイス」として『トレーニング・ジャーナル』（ブックハウスＨＤ）に98年6月号～00年5月号の間24回、「バレーボール選手のメンタルマネジメント」を『Coaching & Playing Volleyball』（バレーボール・アンリミテッド）に99年3／4月号〜05年3／4月号の間36回連載する好機を得たことも、これまでのサポート活動内容を整理する意味で有意義な機会であった。本書が再構築されたものであるとは言え、これまでの連載内容に加筆修正した部分が多いことは当然で、これら2誌に格段の理解を賜ったことは感謝に堪えない。

本書は、バレーボールでは我が国ではじめて心理学的観点からあつかった書籍であるが、私のこれまでの実践研究の集大成といって良く、バレーボールのみでなく様々なスポーツの指導者や選手、メンタルマネジメントに興味を持つ研究者にも十分に具体的であり、参考にしていただくことができると確信している。また、本書のルーツがユタ州時代の研鑽にあるとはいえ、メンタルマネジメントに関するサポート活動実践は私の試行錯誤の連続であり、決して最良の黄金律であるとは思っていない。多くの読者に参照していただき、有効に機能しなかった部分も含め、屈託のない御感想・御意見をお寄せいただければ幸甚である。

最後になったが、浅学な私に執筆の機会を与えて下さった大修館書店の平井啓允氏、また、私の拙稿に対して気長に編集作業を継続して下さった川口修平氏には心から感謝の意を表したい。お二人を始めとした大修館書店関係者の御尽力によって、私のライフワークの一つがこうして結実したことはこの上ない幸福に他ならない。

２００７年4月　春の雨に霞む富士山を眺めつつ

遠藤俊郎

目次

第1章

メンタルマネジメントを考える

©FIVB

1　競技力の発揮とメンタルマネジメントの現状

多くの競技者にとって、スポーツにおけるビッグイベントの一つであり、最大の目標といえば４年に一度開催されるオリンピックが真っ先に挙げられよう。開催する都市の威信に関わるということもあって大会そのものも賑々しく、また、参加各国にとっては自国の選手の活躍とともに獲得したメダル数も気になるところであり、否応無しに世界の注目が集まるのである。そして、この大会で輩出されるメダリスト達は一躍ヒーロー・ヒロインに躍り出すことになる。

競技スポーツにおいて、使用する用具や器具等の調整いかんもあるが、選手自身の精神的側面・技術的側面・体力的側面の三位一体の充実がより良い競技力の発揮には必要不可欠な前提条件であることは誰もが認めるところであろう。多くの注目を浴びたこれらヒーローたちは、オリンピックという晴れ舞台で心・技・体のバランスをうまくとることができた選手たち、もしくは、そのための準備をしっかりとしてきた選手たちといえるのである。そして、こうした選手たちの勝因・敗因を分析したものを見ると、心理的側面のコントロールに言及したケースが希ではなくなってきた。

たとえば、２００４年８月アテネオリンピックでのバレーボール男子決勝はブラジル対イタリアの強豪同士の対決であった。当時の国際バレーボール連盟（ＦＩＶＢ）世界ランキング１位と２位の対決というだけあって力と力のぶつかり合いで、ポイントを取ったときの両チームの喜び方は見る者をも巻き込み、それこそ手に汗握る好ゲームとなった。結果は3対1と、各セットの勝負所で選手個々の若い個性とチームワークに勝るブラジルがイタリアをつき放す格好になった。大会ＭＶＰに選ばれたブラジルチームのエース、ジルベルト選手は「我々は自分の感情をコントロールできる。（ＭＶＰは）光栄だが、個々の成績はあまり重要ではない」（時事通信社 ２００４年8月30日）と強調していた。このジルベルト選手の言葉には、技術のみならず自らの心理面を管理できる、マネジメントできるという自信がありありと見て取れるのである。

しかし、それとは逆にそれらヒーローたちの陰に隠れて期待されながらも実力を発揮できずに涙をのんだ多くの選手がいたことも紛れもない事実である。そして敗因を報道する記事には、例外なく「プレッシャー」「緊張」「頭が真っ白」等、心理的側面のコントロールミスに起因すると思われる活字が踊っているのである。

このようなオリンピックといったハイレベルの競技状況に限らず、今日メンタルマネジメント、メンタルトレーニング、イメージトレーニングといった心理的側面のトレーニングに関連する用語が我が国のスポーツの世界で頻繁に口にされるようになってきた。これは、世界的には決して先進的とはいえないが、やっと我が国においても競技場面における心理面の影響や役割の重要性が認識されるようになってきたということを物語っていよう。

ところが、依然として指導者の一部には、「根性」等に代表されるように心理的側面の能力はハードトレーニングによって身につくものとある種の修行感覚でとらえ、身体への激しい練習を盲目的に継続している場合があったり、前記の用語を一時のファッション的なものとしてとらえ安易な受け取り方をしているために短絡的に心理的側面のトレーニングの効果を判断してしまうなど、競技現場において十分な理解・認識が不足しているケースが指摘されることも確かである。練習時間の問題も相まって、この理解・認識の不十分さにより、残念ながら実際の指導場面にメンタルトレーニングを取り入れることを躊躇したり、取り入れたとしても長続きしないという事実が確認されることになる。これまでのこのような傾向は、04年アテネオリンピックでの我が国の活躍を振り返った際のマーティ・キーナート氏の以下のコメントからもうかがい知れるのである。

「日本の指導者の多くはあまりに長い間、『根性さえあれば勝てる』と思ってきた。そして最近の指導者は、勝つために最も大切なのは根性ではないと、ようやく気がついたらしい。適切な練習施設、適切な指導、適切なスポーツ医学と精神面のサポートがなければ、誰にも負けないくらい根性のある選手でも、負ける可能性はあるのだ。」（MSN-Mainichi Interactive ２００４年8月26日）

また、理論的な部分においては心理的側面のトレーニングに関する多くの研究や書籍が公表されてはいるが、競技現場サイドに即した内容のものが少なく、競技指導現場の切実な要求に耐えられず、ややもすると理論的なものだけが先行しているきらいがあり、指導現場サイドと同じ視線の高さを持つスポーツ心理学関係者のサポートが求められていることも事実であろう。

いずれにしても、アテネオリンピックにおけるブラジル男子ナショナルチームの事例にみられるように、心理的側面のコントロールが練習時の力を安定的に発揮するためには大変重要な役割を果たすものである。選手や指導者は心理面に関する認識を高めて、競技場面に積極的に取り入れていけるように、現場サイドに立ったより実際的・具体的な心理面のコントロールやトレーニングに関する情報を収集することが急務であろう。

2　メンタルマネジメントの経緯

我が国において、メンタルマネジメント等の用語が頻繁に用いられるようになったのは、１９８４年のロサンゼルスオリンピックでの日本選手団の惨敗を契機に日本体育協会に設置された、メンタルマネジメントに関する研究プロジェクトに端を発している。それは、その大会で、自己のベスト記録にも遠く及ばずに予選落ちした日本選手が数多くいたことを憂慮した、時の文部省が、原因は実力もさることながら心理的要素も大きいと、日本体育協会にメンタルマネジメントに関する研究を指示したのである。

しかし、当時の東欧諸国や共産圏の国においては、１９７６年のモントリオールオリンピック時にすでにトップクラスの選手を対象に心理的コンディションを調整しようという働きかけがなされていたといわれていた。さらにロサンゼルスオリンピック時には、各国ともメンタルな部分に力を入れており、特にアメリカはオリンピック対策として11種目にそれぞれスポーツ心理学者を配置してメンタルマネジメントの一環として、メンタルトレーニングを指導するとともに、コーチや選手の心理的な問題の相談にも応ずる体制を整えていたのである。もちろんこの11種目の中にはバレーボールも含まれており、結果は男子金メダル、女子銀メダルとすばらしいものであった。これを契機に黄金時代を築いたミスター・バレーボールことカーチ・キライ選手を始めとするアメリカ男子チームのゲームへの集中力、精神的タフネスには目を見張るのものがあったことは今でも皆さんの記憶にあることと思う。

その後、この研究プロジェクトは日本オリンピック委員会（ＪＯＣ）に移管されたが、２００２年ソルトレーク冬季オリンピック時まで、さまざまな角度からのメンタルマネジメントに関する基礎的研究にとどまらず、夏季・冬季オリンピックの各競技を始め多くの競技に関して心理面からの支援活動を中心的に継続してきた。今日、この任は国立スポーツ科学センター（ＪＩＳＳ）に引き継がれているが、現在も現場でより具体的な形で役立つことを願って実践的側面を重視したサポート活動が行なわれている。しかしながら、04年のアテネオリンピックにおいて、以下の報道にもあるように、アメリカ選手団では14名のスポーツ心理学者によるサポート体制をとっていたし、まだまだ心理的サポート体制が熟していないとしているドイツ選手団にも2名の心理スタッフが帯同したと報告されているが、日本選手団においては0名であった。このようなことを考えると、いかに日本の心理面に関する対応が諸外国に比べてまだまだ後れをとっているかが理解できるのである。

〈アテネオリンピックでの報道〉

◆アメリカ選手団に14名のスポーツ心理学者…14名のスポーツ心理学者が、アメリカ代表選手に対して、敵意をもつ群集への対応の仕方を教えている。心理学者は、代表選手にリラクセーションスキルと競技への集中の仕方を教えている。4名の心理学者が種目横断的に対応し、残りの10名はスポーツ種目に特化してサポートしている。（http://in.sports.yahoo.com/040811/）

◆ドイツ選手団に2名の心理学者…シドニー大会では心理スタッフは入っていなかったが、今回、ドイツ代表選手団には2名の心理スタッフ（射撃とホッケーチーム）が入っている。何人かの選手は、いまだにドイツチームに心理スタッフが入っていないことに不満をもつ者がいるが、他国と比較すると選手団に心理スタッフを入れる必要性については、十分に認められていない。

（http://de.sports.yahoo.com/040820/30/1o28.html）

筆者も1991年より前記研究プロジェクト班員としてその活動に参加し、現在まで現場でより具体的な形で役立つことを願って実践的側面を重視したサポート活動を行ってきた。対象とした競技はバレーボールを中心にスキー、アーチェリー、リュージュ、フィールドホッケー、ゴルフ等多種目に渡るが、特にバレーボールに関しては、91~98年には全日本ジュニア女子バレーボールチーム（西本哲雄監督）の「トレーナー」として、また、00～04年には全日本男子シニアバレーボールチーム（田中幹保監督）の「メンタルアドバイザー」として、コーチングスタッフの一翼を担いながら監督や選手の競技生活に関わってサポート活動を行っている。

また、ビーチバレーでは佐伯美香選手・高橋有紀子選手（シドニーオリンピック4位）、アテネオリンピック代表徳野涼子選手などにも心理的サポートを提供してきた。心理的にはかなり自立した感の強いビーチバレーボール選手達ではあるが、それでも海外での連戦によるストレスは大変なもののようであった。帯同はできないので主に電子メールによるコンサルテーションを行ったが、そのやりとりの中で彼女たちの心理的成長を垣間見ることができたのは筆者にとっても貴重な体験であった。

〈田中幹保全日本男子バレーボールチーム、ジュニア・シニア前監督のコメント〉

「ジュニアナショナルチームの監督に就任した折、バレー界では初めてメンタルアドバイザーのポストをおいた。以前から教えを請うていた遠藤先生にお願いし、その後、私がシニアチームの監督になっても約4年間引き続きメンタルの強化を担当していただいた。

内容は、スポーツ心理学の基本的な講義から始まって、練習日誌（自己管理と目標設定の習慣化を図る）、リラクセーション、サイキングアップ、イメージトレーニング、カウンセリング等々をお願いし、大いに選手強化につながったことはいうまでもない。

　また、選手の強化のみならず監督をはじめとするコーチングスタッフの良きアドバイザー（サポート役）としても重要な存在であった。

　トレーニング効果はなかなか目に見えないものと分かっていたが、顕著に現れた試合場面があった。アジアジュニア選手権での地元チームとの試合が5セットにもつれた。耳を劈くばかりの大声援の中で、最終セットの前に指示もしないのに選手達が目をつぶってリラクセーションをしだした。その甲斐あってか勝ちを収めることができたが、私には印象的な場面であった。」

〈2004年アテネオリンピックビーチバレー出場・徳野涼子選手のコメント〉

「スポーツの成績は、〝心・技・体〟の三つがそろって初めて結果が出るものですが、以前の私は、〝技・体〟のレベルアップばかりに気をとられ、結果が頭打ちになって心＝メンタルの部分に初めて目を向けるようになりました。

　強い信念と自信を持っていれば、周りの目など気にならないものですが、それまでは結果とトレーニングの姿勢を評価する周りの目ばかり気にして競技していたように思います。それでは、何のためにビーチバレーをやっているのか……？

　全ては自分の可能性や目標に挑戦する自分のためにやっているのに……。

遠藤先生に『自分ではどうしようもできないことに労力を費やすのはもったいない。ケセラセラで。』とアドバイス頂いたことがありました。それからというもの、すごく気持ちが楽になり、トレーニングもゲームも普段の生活でも余計なことを考えず、強くなること、そして、オリンピックに出場し、自分で納得できるプレーをするという目標に向かっていくことが出来ました。」

3 メンタルマネジメントの考え方

用語としては本節以前でもすでに何回となく使用されているが、まず、メンタルマネジメントやメンタルトレーニングとはどういうものなのかを考えてみよう。

定義的には（松田、１９８６）[1]、競技においては「自己の最高能力を試合等の場面で発揮できるよう選手が自己の心理面を効率的に管理し、コントロールすること」が必要であり、これを「メンタルマネジメント」と呼んでいる。そして、メンタルマネジメントするためには「各自の心理面をコントロールするためには必要な心理的諸技術（メンタルスキル）があり、このメンタルスキルを習得し高めるためのトレーニング」を「メンタルトレーニング」（丁寧にいえばメンタルスキルトレーニング）と総称しているのである。

練習や試合においてどんな時でも、自分で調子がいいと感じた時や良い成績をおさめることができた時には心身ともに良い状態にあったといえる。そのような自分の良い心理状態をいつでも作り出せるように、自分の実力が発揮できるような状態を作ることがメンタルマネジメントということになる。「練習試合では調子が良かったのにあがってしまって試合の本番では練習の実力を発揮できなかった」「公式練習までは調子がいいのに実際にコートに立つとその力を発揮できない」といった話を聞くことがあると思うが、このことは、本番を普段と異なった心理状態で迎えており、メンタルマネジメントがうまくいかなかったことを示している。もっと違ういい方をすれば、競技場面における「気持ちの持ち方を変える」「考え方を変える」「見方を変える」、それがメンタルマネジメントであるといっても良い。たとえば、下の図を見て何に見えるか考えてみよう。

A図はきっと「鳥」に見えることであろう。ではB図はどうであろう。「ウサギ」に見えないだろうか。すでに気づいていることと思うが、実は両図はただ横転させただけで図そのものは変わらない。しかし、見る角度が変わることによって全く違うものに見えてしまう。これは本来は知覚の問題であるが、メンタルマネジメントの考え方に応用すると、たとえば、バレー

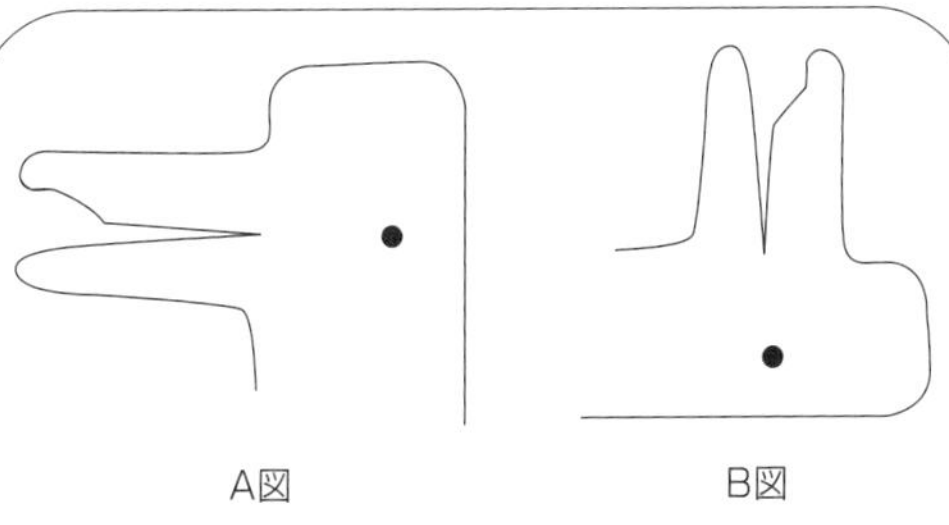

図１　この図が何に見えるか？

ボールで「スパイクを打つ」「サーブする」という技術を遂行すること自体は、練習であろうと試合であろうと変わるものではない。なぜならコートの広さやネットの高さはいつでも変わらないはずだからである。ところが、違う体育館であったり、ネットを挟んで相手がいたり、何かの大会であったりすると、「ああ会場が違うんだ」「これはオリンピックで普通の大会とは違うんだ」「伝統校と戦うんだ」というように自分から見る角度、もしくは、受け取る角度を変えてしまい、それにより自分自身も普段とは変わってしまい、ひいては、スパイクやサーブといった技術の本来の動作をも変えてしまうという悪循環に陥るのである。元をただせば各競技に要求されるプレーの本質は常に同じであって、その本質をどんな時でも受け取り方を変えることなく見られるようにすることがメンタルマネジメントの一つの目的であり、そのためには様々な心理面のスキル練習が必要であり、それがメンタルトレーニングといわれるものなのである。

　ニューヨーク・ヤンキースの松井秀喜選手が3年目の開幕戦を迎えるにあたってその心中を語った記事が掲載された（『朝日新聞』２００５年4月3日）。その記事の中で、前年度チャンピオン、レッドソックスとのいきなりの対戦カードについて「特別な意識はありません」とさらりといってのけていた。また、「自分の能力以上のものを出そうとしても無理ですから。自分の能力の１００％をゲームの中で出せる選手でいられればそれでいいと思う」とも述べていた。前述のように、どんな競技場面でも常に同様な心理状態で対応できるようにすることがメンタルマネジメントであり、その目的は自身の実力をいかなる時でも発揮できるようにすることである。このことから考えると、松井選手のコメントがいかにメンタルマネジメントの考え方に合致しているかが皆さんにもご理解いただけると思う。

また、アメリカのスポーツ心理学者ジム・レアー（1987）[2]は、プレッシャーや危機的な場面に遭遇したときにとる選手の感情反応はその選手のメンタルマネジメント能力を反映するといっている。そして、それは以下に示すような①～④の心理的な成熟段階ともいうべき4つのカテゴリーに分類されている。やはり心理的に未熟な選手ほど未熟な反応を示しており、結果としてパフォーマンスもあまり期待できないものになってしまうのである。

① **あきらめてしまう**　プレッシャーを感じた時に、一生懸命に戦わず、すぐにあきらめてしまうケース。そうすれば、たとえ試合に負けたとしても自分のプライドは傷つかないで済むからである。敗因等を他の選手や審判、体育館等のせいにしたりして言い訳することもあきらめと同じ。最も初歩的な反応といえる。

⇐

② **怒ってしまう**　あきらめるよりはやる気がある分ましといえるが、すぐに否定的な感情に押し流されてかんしゃくを起こすなど気分の成り行きに任せてしまうケースである。一見すると闘志があるようにもみえるが、心理的には不安定で冷静な判断もできなくなるので良いプレーは望めない。

⇐

③ **不安になる**　息詰まるような心理的圧迫を感じるケース。一種のビビリ状態ともいえる。我々はプレッシャーの中では不安や心配によりややもするともろく崩れそうにもなる。しかし、それはそれだけ状況に対して真剣に対処しようとしていることであり、集中力も高まりつつあり心理的には決して引いてはいない。どんな優れた選手でも息詰まる思いは必ずするものである。ただし、彼らはそれを短時間に乗り越えて行く術を持っている。

⇐

④ **挑戦するようになる**　危機的場面に対して心理的に挑戦する意欲を持って対応すること。「自分に今出来ることは最大限頑張ることだ」というように積極的な意識をしっかりと持って状況に対処すること。チャレンジできるようになるかどうかで優れた選手かどうかが決まってくる。そして、このことはトレーニングによって可能になる。

皆さんの回りにも、たとえばプレーがうまくいかなくなると直ぐに味方選手や相手選手、しまいには審判員や近くの物にまで当たってしまうような選手がいないだろうか？　怒った直後に安定した冷静なプレーができたなどという話はあまり聞いたことがない。これこそメンタルマネジメントに失敗した典型例ということができるのである。レアーの４分類でいえば、どんな場面であろうと常に「挑戦・チャレンジ」の精神が保てるようにメンタル面をコントロールできるようにすることも、メンタルトレーニングの一部であり、メンタルマネジメントの大きな目的の一つといえるであろう。

4　メンタルトレーニングの実践に当たって

メンタルマネジメントの考え方を適用し、メンタルトレーニングを実施するに当たって、混乱のないように踏まえておきたい事項を確認しておきたい。

1　メンタルマネジメントの考え方・ポイント1

「メンタルマネジメント、すなわち、心理的に自己をコントロールすることができるということも『技術』（スキル）であり、日頃からのトレーニングが必要である。」

このことは決して特別な考え方ではない。たとえば、技術的にうまくなるためには練習が必要であり、体力をつけるには体力トレーニングをしなければならない。それと同じように、心理面もアップするためには定期的にそのためのトレーニングをしなければならない。確かに、さまざまな競技場面を経験することも一種の心理面の訓練にはなる。「百戦錬磨」とはよくいったもので、ベテランと呼ばれる一流選手の中には、心理的な技術・テクニックを経験的に身につけ必要に応じて用いている場合が当然ある。バルセロナオリンピックの後、出場した男女全日本バレーボールチーム選手と面談する機会があった。その中で、たとえば男子のスーパーエースは「自分ができなかったら誰もできないと思ってプレーした」とか、女子のベテランセッターは「プレーの合間に見るところを決めていた」、といった発言があり、多くのプレッシャーの中でそれなりの成績を残している選手は自分なりのストレスに対する処し方を経験的に感じ取って実践しており、それらはこれから本書で扱う様々な心理的技術と合致していた[3]。

しかし、オリンピックまで出場するようなベテランの域に達するにはたいへん時間を要することになり、心理的にも経験が不足している若手と呼ばれる選手にとって不利なことはいうまでもない。したがって、心理面もトレーニングしないとその技術は向上しないという意識を持ち、できれば年齢の若い段階から日々の練習の中にわずかな時間でも良いから取り入れていくことが肝要なのである。それにより、選手が指導者といった他者を頼るのではなく、自分自身を評価し気づきを高めることができるようになれば、心理的技術を向上させる第一歩を大きく踏み出したことになる。

2 メンタルマネジメントの考え方・ポイント2

「メンタルマネジメントは、初心者から上級者まで必要かつ有効である。」

　前述したことにも関係するが、メンタルマネジメントはトッププレーヤーだけに必要かつ有効なのではないことを確認しておきたい。図2は、競技成績やプレーの出来映えに直接的に関与している体力的・技術的要因と間接的に関与している心理的要因が、試合においてどの程度戦績に関与しているかその割合を示したものである。初級者から上級者まで、若手からベテランまで、選手個々の特徴や技術レベルによって用いる技術には多少の違いはあるかもしれないが、メンタルマネジメントはそれぞれに必要かつ有効である。確かに、競技レベルが高いほど、さらに、実力が接近しているほど、心理面のコントロールの良否が勝敗を左右することは事実であろう。しかし、初級者であってもメンタルマネジメントができた者の方が実力を発揮しやすいわけであり、競技成

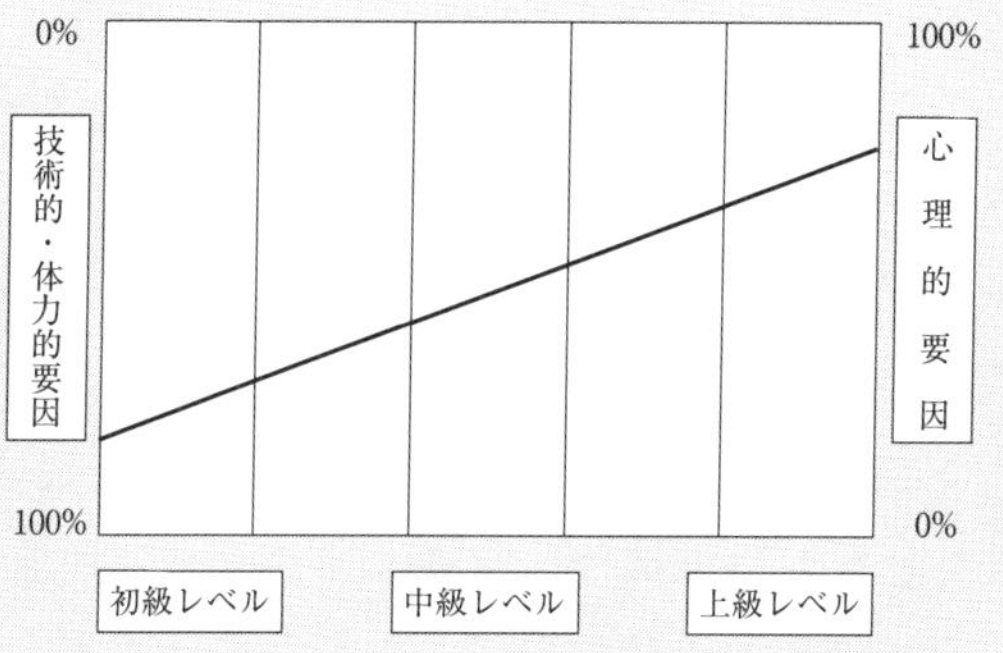

図2　競技レベルから見た試合を左右する各要因の割合（霜・香西（1986）[4]に遠藤が加筆修正）

績に関与する心理的要因の比率は決してゼロではない。

3 メンタルマネジメントの考え方・ポイント3

「技術的・体力的要因を背景にして心理的要因を考える必要がある。」

スポーツにおいてのメンタルマネジメントの重要性を主張してきたが、メンタルトレーニングを取り入れただけで即競技力アップにつながるわけではないことを肝に銘じておく必要がある。このことはこれまでの多くの指導者が曲解もしくは過剰期待をしてきた点でもある。

スポーツでは、「心・技・体」の3要素のバランスが競技成績に関係している。しかし、心理的要因と技術的・体力的要因の競技成績への関わり方には若干の違いがある。図3は、このことを氷山にたとえて示したものである。海面上に出ている部分が競技パフォーマンス（競技成績、プレーの出来映え）と考えて頂きたい。この海面上にでている部分を大きくする（競技

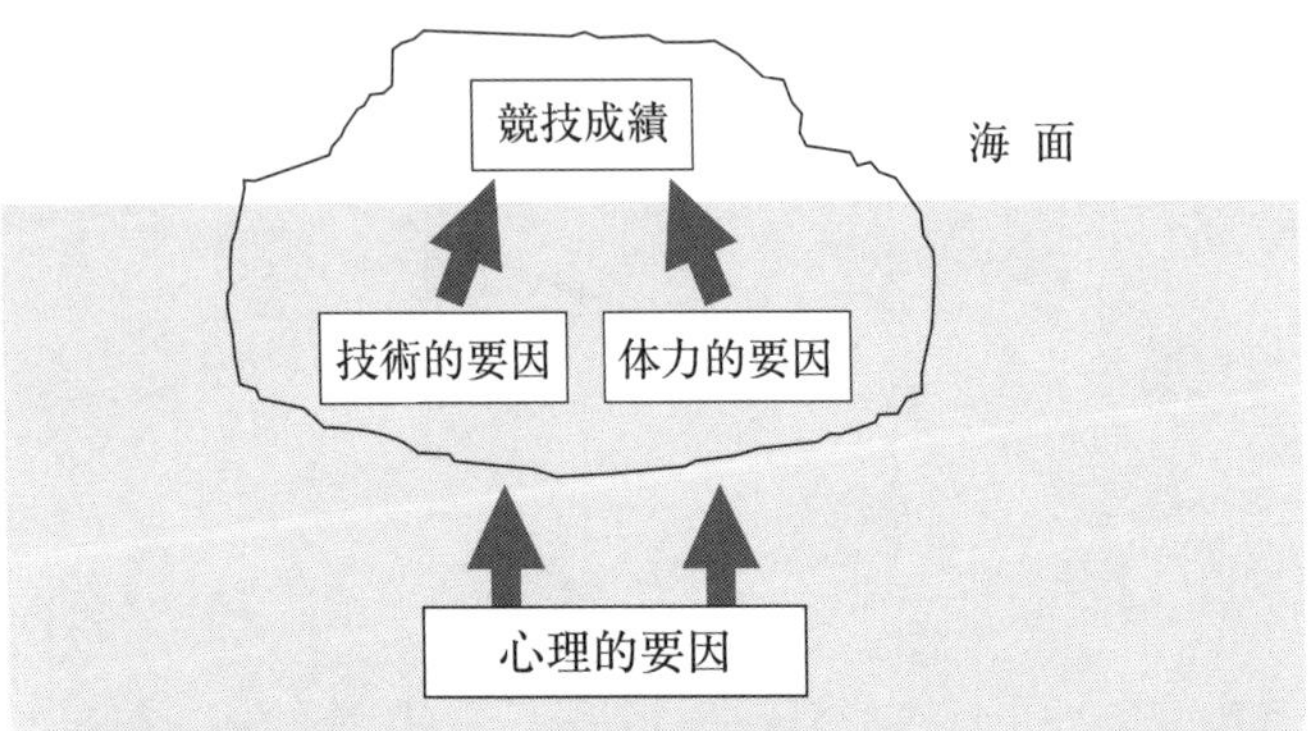

図3　競技成績への心・技・体の関わり方

成績を上げる。良いプレーができる等）には、氷山自体を大きくして浮力を高めること、すなわち、技術的・体力的要因をトレーニングしてアップすることが必要である。

たとえば、バレーボールのスパイクを例に取ると、フォームやジャンプの仕方といった技術的要因や、ジャンプ力に代表される体力的要因の両要因が直接的にスパイクの出来映えを規定しているのである。ところが、実はもう一つ氷山を浮かび上がらせる方法が考えられる。それは、氷山が浮かぶ海水の密度を高めることにより氷山自体の大きさを変えずに氷山を押し上げ、海面上にでている部分を多くする方法である。すなわち、これが心理的要因の関与する部分であり、精神的に必要以上に緊張した状態よりも適度にリラックスした状態の方が自分の技術的、体力的能力を生かしたスパイクを打つことが出来るということなどがそうである。

このように、心理的要因は間接的にではあるが競技成績に多くの影響を及ぼしているといえる。しかし、競技成績を直接的に規定している肝心の技術的・体力的要因が細々としたものであれば、いくら心理的要因を充実させても競技力のアップには限界があるといわざるを得ない。やはり、ある程度技術的・体力的要因を背景としながら心理的要因を考える必要がある。勝利を得るには9割が技術的・体力的問題であり、残りの1割において心理的問題が関与するといっても良いであろう。ただし、この1割はどうしても切り捨てることのできない部分であり、技術向上やレベルの向上にともなってその重要性が増す1割であることはいうまでもない。

要するに、メンタルトレーニングは競技力向上に劇的に作用する特効薬というよりも、現有する競技力発揮の好・不調の波を高値安定に調整する、いわば心身の調子を整えるサプリメントといった機能を持つもの、と考えるとその特性を理解しやすいかもしれない。したがって技術的・体力的要因を考えずに、メンタルトレーニングを導入したからといって短絡的にその効果を云々することはいささか早計に過ぎるといわざるを得ず、それこそ地道なトレーニングが求められるところなのである。

4 メンタルマネジメントの考え方・ポイント4

「自己の心理的弱点を認めること」

メンタルトレーニングは個人の内面の部分に関わるので、その変化が目に見えたり数値で表されたりするといったことが少ないことも特徴である。したがって、選手が自己の心理面をどのように考えているか、自己への気づきをどの程度意識しているかがメンタルトレーニングの効果に直接的に関係してくる。

アメリカ選手はプレッシャーに強いと思われがちであるが、女子バレーボールアメリカ代表の吉田前監督は「他の国が考えるほど強くはない。逆に、重圧に強くないことを自覚していることが大きい」と述べている。また、体操世界選手権個人優勝のポール・ハムも「ナーバス（神経質）になっていることを認めれば気持ちは和らぐ。その後はあまり考えない。そうやってプレッシャーをコントロールする」

と同様なことを語っている（『読売新聞』２００４年６月12日）。

　重圧には強いのだ、と自分に思い込ませたり、重圧を感じている自分を恥ずかしいと考えたり無視しようとする態度からは、とてもプレッシャーをコントロールできる姿は見えてこないのである。冷静に向き合って対処できるところにアメリカ選手の強みがあることを先の記事はハッキリと示している。

　そういえば、先の記事を読みながら、アトランタオリンピック後一時引退し、２年後の１９９８年にカムバックした競泳女子自由形のエース千葉すず選手を取り上げた番組を思い出した。この番組（ＮＨＫ「クローズアップ現代」２０００年１月４日）では、千葉選手がシドニーオリンピックへの再挑戦に備えてカナダで特訓の日々を送る姿をレポートしていたが、その中で特筆すべきことは、スポーツ心理学者であるコーチとともにメンタル面も強化しているという点であった。復帰後も次々と日本記録を塗り替え周囲を驚かせた彼女だったが、99年８月に行われたパンパシフィック大会での平凡な記録が示すように、国際的なビッグレースになると自分の〝普通の泳ぎ〟ができないことに課題を見いだしていたのである。それに対してマカリスターコーチは「自分の精神面の弱さをまず認め、それと向き合うことが重要」と指摘していた。

　両トピックスに４年の時差はあってもまさしく異口同音に「自己のメンタルを直視し真摯であれ！」と指摘しているのである。

　勝負所で必ずトスが上がってきて、それも決めることを期待されているエースであっても、「ふかしたらどうしよう」「ネットにかけたらどうしよう」「シャットされたらどうしよう」と考えてしまうことは決してまずいことではないのである。詳細は後述するが、要はプレッシャーがかかるような場面でそのように考えている自分に気がついたならば、腹式呼吸を行って緊張を和らげる、「サイドブロッカーの右手をねらって打ってやるぞ」「次は決められる」といった積極的側面に意識を切り替えるといった心理的諸技術（メンタルスキル）を適用して切り抜けるといった対処法を身につけておくことが重要である。なぜなら、自分の心理面の準備は自分にしかできないからである。

いくら代表レベルにあるエースアタッカーでも真剣に自身の心理状況と向き合うことのできない選手だと、最後の1点を取るといった重要な場面で自身の真価を発揮できないといったことは珍しいことではないのである。

5　メンタルトレーニングの概要

それでは具体的にメンタルマネジメントのためにどのようにトレーニングを進めればいいのであろうか。メンタルトレーニングの考え方には様々な捉え方があるかもしれないが、ここでは大まかなメンタルトレーニングのプロセスを図4のように捉えたい。このプロセスに沿って一連の流れの中で各項目を必要に応じて実施し、メンタルスキルを高めていくということになる。

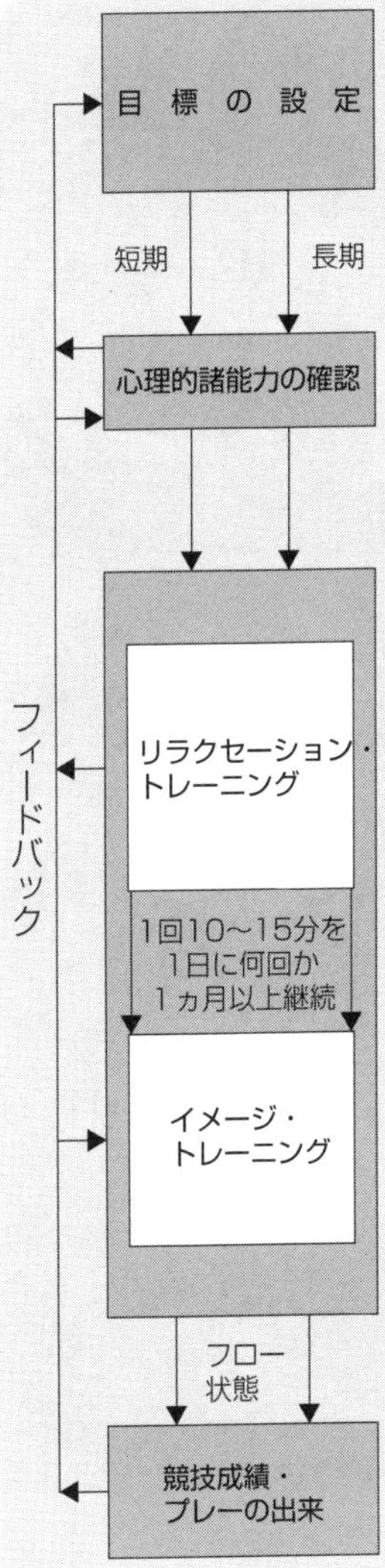

・**いかに達成するか**：目標を達成するための方法を明確にする。
・**どうしたら達成か**：目標達成を知るための方法を明確にする。

・**期日・可能性は？**：目標達成の期日と可能性を明確にする。

・**自己分析**：どんな時にミスし易いか？どんな時にリラックスしたか？どんな時にプレッシャーを感じたか？等の自己チェック。
・**心理検査の利用**：「あがり」「競技不安」「集中力」「競技意欲」の検査、その他性格検査等の利用。

・リラクセーション・トレーニングは基礎的トレーニングとして特に重要である。
・目をつむる、深呼吸をする（腹式呼吸：1・2・3・4と数えながら吸って、止めて、吐く）、バイオフィードバック・トレーニング（GSR2等の機器の利用）、筋弛緩法、自律訓練法等の様々な方法がある。
・自分に合った方法を見いだし、継続することが必要である。

・様々な運動場面を心の中に思い浮かべることによりトレーニングする
・イメージする内容により、集中力トレーニング・心理的トラブル解消・ゲームへの心理的準備・プレッシャーの解消等とトレーニング効果が異なる。
・リラックスした状態でイメージを描くことが重要。

・最適の心理状態はより良いプレーへと結びつく。
・最適な心理状態では、一心不乱・注意の集中・軽い緊張・興奮・ワクワクした感じ、等を感じ、危機的場面でも冷静に対処できる。

図４　メンタルトレーニングのプロセスの概要

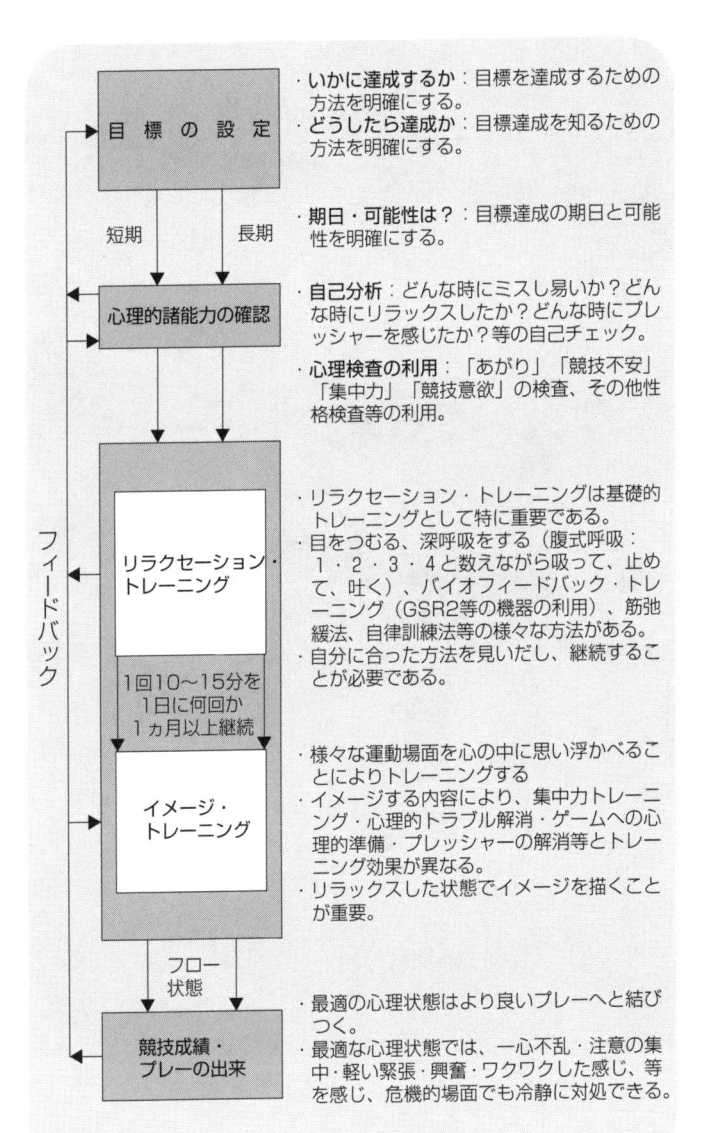

第2章

メンタルトレーニングの実際

©FIVB

メンタルトレーニングプロセスの概要を図4（23頁）に示したが、以下、各プロセスに関してその具体を考えてみる。

1　目標設定

❶ 目標設定の基本的な考え方

目標を正しく設定しそれを明確に示すことは動機づけを高め、競技者の競技意欲を喚起するといわれている。したがって、まず練習や試合等の競技に対する個人やチームの目標を立てることが重要となるが、実際の競技スポーツの現場においては指導者や選手もなかなか動機づけとして機能するような適切な目標を立てることができない、もしくは、それに慣れていないことがうかがわれる。ホッジス（１９９３）[5]は、スポーツで一流と呼ばれる選手は、そのほとんどが目標設定能力に優れ、さらに、その目標を達成しようという強い意志を持っていると述べており、競技スポーツにおいて目標設定と競技パフォーマンスが密接に関連していることを指摘している。これから考えても、競技スポーツの指導現場において、どのように目標の設定に対処すれば効果的なのかを検討することは重要であろう。

日々行っているスポーツにおいても、技術面や体力面の目標を持つことが必要なことはいうまでもないが、メンタルトレーニングを行って自分がどうなりたいか、何のために行うのかという目標をしっかりと持つことが、メンタルトレーニングをより効率的に継続するためにも重要なポイントである。

2　目標設定の実際

それでは、目標をどのように立てたらより効果的であろうか。筆者もこれまで多くのジュニア期にある女子バレーボール選手に接する機会があった。しかし、残念なことにそれらの選手の中には、指導者の指示だけに従い、自分で考え行動するということが極めて少なく、その結果、自分自身を正確に分析し、表現することに慣れていない、すなわち、自己の心身への気づき・感受性が低いためにどうしても依存的・他律的な行動が多くなり、自分から自律的に取り組むための目標意識が持てないような選手も見受けられた。選手が自分のめあてを持つことは競技成績とも関連して重要であり、もし選手がめあてを持てないとしたならば、適切な指導が要求されることになる。ギプソン他（１９９８）[6]は、バレーボールのコーチングに関連して、「コーチとして選手の成長を助長するための最も効果的な方法の一つは、目標の設定、目標に到達するための計画の立案、目標到達に向けてなされる進歩の追従などの目標設定プロセスを教えることである」と述べており、目標の設定は、競技者本人の問題というだけでなく競技スポーツとしてのバレーボールのコーチングにおいて指導者にも要求される指導内容の一つと捉えることができる。

このような指導者と競技者の両サイドに対する働きかけという観点から、ここでは、マーフィー（1997）[7]が提唱する、行動に焦点を当てた5段階からなる競技場面における具体的な目標の設定法を考えてみたい。

◆第一段階：具体的で特定の行動に焦点を当てること

効果的な目標というものは、これから実行しようとしている特定の行動を言葉で表わしたものであり、望む結果を特定した訳ではないということに注意する必要がある。たとえば、バレーボールであれば、「今度の試合で頑張って勝つ」といった漠然とした結果目標ではなく、「今度の試合でスパイク決定率40％を目指す。そのためにはストレートコースを多用する」というように、実行しなければならない特定の行動に焦点を合わせた行動目標であることが重要である。後者では勝敗については言及してはいないが、勝利を収めるために何が必要であるかに焦点を絞っている。試合において自分がどういったプレーをするかといったパフォーマンスに関して具体的で数量化できるような目標を設定することである。これにより、自分でコントロールできる目標であることが明確になり、行動への効果的な指針となることが期待できる。勝負の結果というものは対戦相手の能力や運といった、自分では如何ともし難い要因にも左右される。それよりは、自分で頑張れば何とかできることに目を向ければ試合中でも自分のプレーに集中することができるであろう。

筆者もこれまで多くのバレーボール選手に練習日誌などで各自の目標を立てさせる機会があったが、

「声を出して頑張る」「みんなで一つになる」「勝つ」といった漠然とした目標が多く、動機づけとして機能するような効果的で適切な目標を立てることに選手が不慣れであることを実感している。

◆第二段階：長期目標に至るまでの日毎・週毎の目標を飛び石のように設定すること

夢のような理想とする最終的な目標に至るまでに、現実として実現可能な行動目標を日毎・週毎といった短期的・段階的に設定すると生産性と効率が向上する。また、これらの短期目標は長期的な行動目標に到達するまでの道筋を示し、そこに至る進歩の度合いの測度としても機能することができる。さらに、日毎・週毎の行動目標を設定する際には、長期的な目標から逆算し現在にさかのぼる形で考えると考えやすい。このような短期目標の重要性は、様々なタイプの目標を設定してウエイトトレーニングを行った結果、ただ長期目標を示されただけのグループよりも、長期目標に加え段階的な中間目標をいくつか示されたグループの方が目標達成率が高かったという研究結果からも支持されるのである。

たとえば、半年（6ヵ月）で300km走ることを最終目標としたならば、毎月（4週）50km、さらには毎週12・5km走らなければならない。そして、毎週12・5km必要とするならば、月曜日から金曜日までの5日間で毎日2・5kmずつ走らなければならないという方法で、しだいに目標に迫っていくマーフィーの考え方は、中間目標を期間を基により具体的に設定することを強調している点で参考になると思われる。

筆者も怪我をしたバレーボール女子実業団選手の現場復帰に関与する機会があった。この選手は膝に傷害を持ち2ヶ月間にわたるリーグ戦を直前に控えていたが回復が思わしくない状態であった。しかし、本人の目標はスターティングメンバーとしてプレーすることであり、それがかなわない現実にいらだちを感じていた。そこで、膝の回復状態もあるので期間的なことはさておき、自分の置かれた現実を直視し最終目標に至るまでに次のようないくつかの中間目標を設け、それぞれの目標を段階的にクリアーするために練習に取り組むようにさせた。すなわち、①フォワードで1ローテーションで良いからゲームに出てプレーすること→②ゲームに出てフォワードで3ローテーションプレーすること→③ゲームに出てフォワードだけでなくバックでもプレーすること→④1セットスターティングメンバーとしてプレーすること→⑤1試合スターティングメンバーとしてプレーすること→⑥スターティングメンバーとして固定化すること、という6段階である。最終的には④段階までしか到達することができなかったが、最終目標の⑥段階しか考えていなかった時のなかば諦めかけていた状態に比べると各段階をクリアーすべく必死で頑張る姿、クリアーした時の充実感に満ちた表情などを見るにつけ、適切な中間目標の設定の重要性を再認識した。

◆第三段階：安易な目標でなく、厳しい目標を立てること

絶えず上達し前進し続ける選手ほど自らに厳しい目標、大変な努力をしなければ到達できないようなところに目標を設定する、すなわち厳しい目標が効果的である。さらに、厳しい目標は人間が本来持っている基本的な原則にかなっている。すなわち、手の届かないものを手に入れようとする時ほど、人間

はよりいっそうの努力をし、成果も満足感もより大きくなるし自信も高まる、とその効果が指摘されている。このことは、従来からも、目標を高く設定することは望ましいことであり、達成できるかどうかが五分五分な目標に挑戦させていくことが大切である、[8] と高い目標設定の有効性が示されている。

しかし、最初から達成不可能な目標を与えすぎないように選手個人の能力を十分に理解することが必要であり、また、何回も目標を達成することができなかったらもう少し選手の手が届く範囲に目標を設定し直すというように柔軟な対応も要求されよう。さもないと何回も失敗感、不満足感を味わうことにより自己効力感を低下させることにもなりかねない。

◆第四段階：目標は明確かつ肯定的に表現すること

行動目標を書く場合、できるだけ簡潔にはっきりと書くこと。できれば、「私は○○」というように一人称で書くと良い。こうすれば、これは自分の目標なんだ、という自我関与が高まる。また、目標を肯定的に表現することも重要である。「○○してはいけない」「我々は△△しない」といった表現は、やらねばならない具体的な行動が示されてないために、かえってしてはいけない部分に焦点を合わせた目標になってしまい逆効果である。コーチングに際してもそうだが、たとえば、バレーボールのスパイカーに「クロスコースはブロックが高いからそこには打つな」というと、人はいわれた言葉の最後の部分に意識を集中させてしまう傾向があるので、そのスパイカーはかえってクロスコースに打つことに意識がいってしまうことがある。逆に、「ブロックが低いからストレースコースに打て」という指示は何に意識を集中すればいいかを明確に示しており選手にとっても具体的なものになる。目標の設定に関してもこれと同様なことが当てはまるのである。

◆第五段階：進歩について定期的にフィードバックを受けること

マーフィーは、目標設定の成否にはフィードバックが決定的に関わっているとし、定期的にフィードバックを受けるために次の方法を挙げている。

① 自分の進歩の度合いを測る、記録する：○○を何回やるというように測定できる目標を設定して、その実施回数を記録していく。

② スコアをつける：点数や時間等のスコアを記録する。

③ 他者にフィードバックを依頼する：一定の条件下で自分を観察してくれるように他者に依頼し、目標に向かってどの程度自分が前進しているかをチェックしてもらう。

④ 指導を受ける：コーチ等の良いフィードバックを与えてくれる専門家に、ミスがあった場合にこそそれをどのように修正していくべきかを指摘してもらう。

マートン（１９９１）[9]も、目標設定とフィードバックの両条件が備わるとパフォーマンスが一層効果的に促進されるとする研究を引用して、目標設定とともにパフォーマンスのフィードバックが重要であり、コーチングの核心であるとさえ述べている。フィードバックが的確に与えられて目標達成への進歩が示されない限り目標設定が有効に機能したとはいえないのである。また、一度に多くの目標を立て過ぎないことにも留意する必要がある。「二兎を追う者は一兎をも得ず」という諺は現代でも生きているのである。加えて、設定した目標の達成に向けて努力する過程で、もし進度や方向性にズレが生じるような場合には、設定した目標の達成に必要以上に固執せず、状況に応じた修正を加えるなどの柔軟な対応も求められるところである。

以上のポイントを踏まえて、結果に目を奪われ一喜一憂する代りに必要な行動に焦点を合わせた目標の設定が可能となることを期待したい。また、設定した目標を練習日誌の中に明記したり、付箋や単語カード等の紙に記入したものを携行したり自分の部屋に張ったりして、常に確認することも目標を形骸化しないためには重要であろう。さらに、毎晩夜眠りに就く前にその目標を達成している自分の姿をイメージしてみることも効果的である。すなわち、設定した目標を達成するためのプロセスは、①目標を設定する→②記述する→③明言する→④イメージする→⑤目標を達成する、である。

2　心理的諸能力の確認

たとえば、技術面に関して、自分のプレーのどこが悪いのか、どこがうまくできていないのか、ということがわからず問題意識を持たなかったら、我々はその部分を練習で修正しようがなく、いたずらに練習時間を費やす結果になる。また、体力面でも、まず体力測定等を行って自己の体力面の実態を把握して、不足している部分、劣っている部分、優れている部分を確認することによりトレーニングメニューを組み立てていくというのが一般的であり、何も自分の体力面の実態を把握しないままでトレーニングをやっても効果はあがらない。さらに、このことは、心理面に関しても全く同じなのである。自分は心理的にどういった特徴があるのだろう、自分の心理的な短所や長所は何だろう、今どういう心境なのだろう、といった自己の心のコンディションも含めて自分を見つめる作業が必要になる。これがメンタルトレーニングの第二のプロセス「心理的諸能力の確認」ということになる。要するに、「自分を知る」ということであり、様々な状況における自分の心理状態の違いがわかるようになることである。さもないと、心理面をコントロールすることの重要性も感じないし、トレーニングの必要性も認識されないのである。

1 自己分析：自分を振り返る

たとえば、自分の今までの試合等を振り返って、「どんな時にプレッシャーを感じたか」「すごく調子の良かった時の心身の状態はどうだったか」「どういう時にやる気がでたか」といったことを思いつくままにノートに書き出してみる。調子の良かった時・悪かった時のことを書き出しそれらを比較分析してみると、二つの局面で心身の状態が異なることが自分でもわかるはずである。自分にとってプラスもしくはマイナスに働く条件や状態を整理し把握するということである。それによって、自分にとってマイナスに働く状態等を改善するための方向性が明らかになる。

もし書き出すことが面倒な場合には表1のような「チェックリスト」を使ってみるのも良い。

このチェックリストを使って、プレーの上で自分の調子が良かった時と調子が悪かった時の状態が左右の各項目のどちらに近いかを精査し、近さの程度によって数字をチェックする。たとえば、「積極的だった」「消極的だった」という相対する項目では、自分がその時に積極的だったと思うのであれば1か2、どちらでもなかったと思う場合には3、どちらかというと消極的だったと思うのであれば4か5をチェックするということになる。調子の良かった時と悪かった時の両方のチェックが終わったら、それぞれの合計を計算して得点を比較してみる。きっと得点は調子の悪かった時の方が高くなることと思う。

項目		程度	
1	身体（筋肉）はリラックスしていた	1 2 3 4 5	身体（筋肉）は緊張していた
2	落ち着いて冷静だった	1 2 3 4 5	混乱し、動揺していた
3	不安はなかった	1 2 3 4 5	とても不安だった
4	エネルギッシュだった	1 2 3 4 5	エネルギーが足りなかった
5	積極的だった	1 2 3 4 5	消極的だった
6	とても楽しかった	1 2 3 4 5	まったく楽しめなかった
7	無理に努力した感じはしない	1 2 3 4 5	非常に努力したつもりだ
8	自然にプレーしていた	1 2 3 4 5	プレーより意識が先走っていた
9	自信満々だった	1 2 3 4 5	自信がなかった
10	注意力が鋭かった	1 2 3 4 5	注意力が散漫だった
11	自己コントロールができていた	1 2 3 4 5	自己コントロールができていなかった
12	集中していた	1 2 3 4 5	集中していなかった

表1　自己の心理チェックリスト（ジム・レアー、1987）[2]

これにより調子の良かった時と悪かった時の心身の状態が異なることを理解することができる。また、個々の項目を比べて、良かった時と悪かった時の得点の差が大きい項目に注目することも必要である。それにより特にどの点を克服すれば良いか自分の課題が明らかになる。

皆さんは、こんな経験をしたことがないだろうか。セッターであれば「今日はいつになくボールがしっくり手に馴染み、相手ブロッカーの動きが良く分かった」とか、スパイカーであれば「身体も軽いし、ブロッカーの手も良く見えた」とか、レシーブする時に「相手のスパイクコースが読め、身体も良く動く」等々…。

このように、非常に優れたプレーを引き出す最高に調子の良い時は、心理学的には「ピークパフォーマンス」と呼ばれている。このような時には、身体ばかりでなく心理状態も理想的な状態にあるはずである。レアー（１９８７）[2] は、このようなベストのプレーが出きる状態を理想的パフォーマンス状態（ＩＰＳ状態）と呼び、次に示すようにこのＩＰＳ状態を引き出すための基本的な精神状態が12あるとしている。

① リラックスしていて、自由な状態の時

② 冷静で落ち着いていている時

③ 不安や神経質になっていない時

④ エネルギーに満ちあふれている時

⑤　楽観的で前向きな時
⑥　心から試合のおもしろさを感じ、楽しんでいる時
⑦　プレーが自然で無理のない時
⑧　プレーが自動的で無意識に反応する時
⑨　精神的に〝つけいるすき〟のない時
⑩　精神的に集中していて研ぎ澄まされている時
⑪　非常に自分に自信を感じる時
⑫　自分自身をコントロールしている時

すでにお分かりの通り、先に示したチェックリストはこれらＩＰＳ状態をどの程度経験しているかを確認するものなのである。

2　心理検査の利用

様々な心理検査を用いて自分の心理的能力を把握することも判断の基準がはっきりしているので有用である。あがりやすいかどうかの程度を調べる検査、不安傾向を調べる検査、集中力の程度を調べる検査等が利用できる。しかし、項目数が多くて実施したり採点したりする時に面倒だと利用しようという意欲がそがれてしまう場合もあるので注意が必要である。

(1) 雰囲気テスト：POMS（Profile of Mood States）

心理検査の中で心理的能力の確認というだけでなく、その時の心理状態がどうであるかという心理的コンディションのチェックにも役立つテストがある。たとえば、ＰＯＭＳと呼ばれる気分（ムード）を調べるテストなどがそうである。このテストの結果からその日のプレーの出来映えが80％程度予測できるとさえいわれている有用なテストである。本来は65項目からなるテストだが簡便性を考え短縮版も考えられている。[10] 以下には筆者が練習日誌等に含めて利用しているＰＯＭＳ短縮版を示した。できれば練習や試合の前に毎回チェックしてみると良い。

このテストは継続的に使用することにより選手の心理的コンディションをかなり正確に把握することが期待できる。そして、前述のチェックリストの使い方と同じように、プレーの上で自分の調子が良かった時と調子が悪かった時の反応の違いを比べてみても良い。このテストでは、「活気はどのくらい？」という活気の項目のみがポジティブであり、他はネガティブな項目になっている。したがって、心理的コンディションが良好だと、それぞれの反応をプロットして線で結ぶと活気項目だけが高く他の項目得点は低いというプロフィールを描

項目	今の心理状態	全くない←――→非常に多い
1	不安はどのくらい？	1　2　3　4　5　6　7
2	悲しみはどのくらい？	1　2　3　4　5　6　7
3	怒りはどのくらい？	1　2　3　4　5　6　7
4	活気はどのくらい？	1　2　3　4　5　6　7
5	疲れはどのくらい？	1　2　3　4　5　6　7
6	思考の混乱はどのくらい？	1　2　3　4　5　6　7

表2　POMS短縮版

くことになる。こんな時にはプレーの調子も期待できるのである。しかし、逆にコンディションが不良だと、活気項目だけが低く他の項目得点は高いというプロフィールを描くことになる。特に心理的コンディションが不良の場合にはパフォーマンスに対して良い影響を及ぼさないので、問題となる項目に関して最良化に向けてのメンタルマネジメントが必要になってくる。

筆者もＰＯＭＳテストを用いて全日本ジュニア女子バレーボール選手の心理的コンディションを継続的にチェックし、調整を試みた経験を持つが、自律性の発達が十分でないジュニア期の選手の心理的な好・不調をかなり把握することができ、コンサルテーション等のサポート活動に役立った[11]。また、短縮版は項目数は少ないが練習日誌の一つの項目として取り込むことによって日々チェックできることは大きい。

⑵ スポーツ競技不安テスト：SCAT（Sport Competition Anxiety Test）

項目数も少なく採点も容易であることから比較的簡単に利用できるテストの一つとして、競技場面を脅威として感じる傾向を示す〝競技不安〟を測定するテスト「スポーツ競技不安テスト（ＳＣＡＴ）」（表３参照[12]）も有用である。採点方法は表３に示した様に、項目の番号に○印のついた10項目のチェックされた数字を合計するだけである。ただし、６番と11番は得点が逆転する反転項目なので１、２、３を３、２、１と逆にして採点する必要がある。したがって、得点は10～30点の範囲に入ることになる。得点の

次の文章は、あなたがゲームをする時にどの様に思うかについて書いてあります。各文章をよく読んで、あなたがゲームをする時にそのように思うことが「めったにない」、「時々ある」、「よくある」かを決めて下さい。もしあなたが「めったにない」と思ったら1に、「時々ある」と思ったら2に、「よくある」と思ったら3に○印をつけて下さい。正しい答も誤った答もありません。ひとつの文章にあまり時間をかけないようにして下さい。あなたがゲームをする時に、普通いつもどの様に思うかその程度を述べた言語を選ぶことを忘れないで下さい。

項目	心理状態	めったにない	時々ある	よくある
1	人と競争することは楽しいと思う	1	2	3
②	試合前、落ち着かないことがある	1	2	3
③	試合前、うまくいかないのではないかと心配する	1	2	3
4	私は試合の時、フェアプレーをする	1	2	3
⑤	試合中、ミスをするのではないかと心配する	1	2	3
⑥	試合前、私は平静である	1	2	3
7	競争をする時、目標を定めておくことが重要である	1	2	3
⑧	試合前、気持ちが悪くなることがある	1	2	3
⑨	試合直前になるといつもドキドキする	1	2	3
10	全力を出しきるような試合が好きである	1	2	3
⑪	試合前、私はリラックスしている	1	2	3
⑫	試合前、私はピリピリしている	1	2	3
13	チームスポーツは個人スポーツよりおもしろいと思う	1	2	3
⑭	試合が早く始まってくれないかとイライラする	1	2	3
⑮	試合前にいつも緊張する	1	2	3

表3　スポーツ競技不安テスト（SCAT）（遠藤、1987）[12)]

見方は、10～15点は低競技不安、16～24点は中程度の競技不安、25～30点は高競技不安と判定される。

我々は試合をする時に「緊張はマイナスである」と考えるかもしれない。詳細は後述するが、実はある程度緊張感が高まらないと試合にはならない。緊張は個人にとって低すぎても高すぎてもだめであり中程度の緊張が最良のパフォーマンスには必要とされるのである。このことは逆U字仮説と呼ばれており、SCATで低競技不安と判定されるものは試合においてあまり緊張が高まらない傾向にあり、このような人には早い呼吸を行ったり、短時間で心拍数が高まるような運動を行うこと等により少し緊張を高める方が良い場合がある。また、高競技不安のものは試合においてすぐに緊張が高まりすぎるきらいのあるものである。〝負けるな、頑張れ〟等とプレッシャーをかけると過度に緊張してしまうケースが考えられるので、リラックスさせるような手だてを講ずることが要求される。ただし、緊張の度合いは状況にもよるので、SCATの結果から高競技不安の人は必ず緊張すると決めつけるのではなく、その傾向がある程度に留めて理解しておく必要がある。

3 トレーニング日誌の利用

心理検査よりもさらに手軽に利用できる方法として「トレーニング日誌」がある。標準化された心理検査と比べると若干判定の基準の精度は下がるが、継続することによりその欠点を補うことは十二分に可能である。なぜならば、選手自身の心身のコンディションを、他者によるチェックに頼るだけでなく、毎日トレーニング日誌というような形で手軽に自己の主観的分析ができれば、自己の心身に対する感受性・気づきも高まり、それが選手の自主的コンディショニングにもつながることが期待できるからである。また、このような選手自身によるチェックを記録に留めておくと、指導者にとっても改まったテストという形ではなく、日々簡便に選手の心身の状態をある程度把握することができ有用であることはいうまでもない。

したがって、どの様な内容をチェックし残していくかということが日誌の有効性にも関連し非常に重要なポイントとなる。従来からも練習ノートの利用そのものは珍しいものではなかった。しかし、それらはややもすると、大学ノートに本日の感想や反省といった形式で自由記述させるスタイルや簡単なメモ書き程度といった使い方が多く用いられていると思われる。ところが、この方式では記述内容に一貫性が乏しいことが考えられるし、これまで指導者等にほとんど依存しているために自分を正確に分析したり表現する機会が少なく、特にジュニア選手のように、そのことに慣れていない選手にとっては自由記述すること自体も容易でないことが想像される。

そこで、トレーニング日誌の内容を構成する際には、以下のポイントを考慮に入れる必要があると思われる。[13]

① 自己分析のための客観的チェック項目をある程度設けること。
② 心理状態の程度についての反応の枠組みを提示すること。

③　比較的容易でかつ短時間で記入できること。
④　チェック内容の変化が視覚的に確認できること。
⑤　自由記述のスペースも残し、必要に応じて選手の意識等が確認できること。

これら留意点は、記入の面倒臭さや動機づけの低下による選手の日誌記入意欲の低下を防ぎ、日誌を継続させるためにも押さえておきたい重要なポイントであろう。

前述のポイントをある程度考慮したトレーニング日誌の内容例として、表４には記入上の注意事項や目標設定用フォームを、表５には一日分の記入用フォームを、さらに表６にはゲーム後に試合を振り返るための諸項目を整理した反省記入用フォームを示した。筆者はこれまで過去の研究を参考に、時の監督の意向も踏まえながらトレーニング日誌を作成し、心理的サポート活動の一環として全日本ジュニア女子バレーボールチーム、全日本男子バレーボールチーム等に対して提供してきた。もちろんこれはあくまで一つの事例であり、なかには不必要と思われる内容も含まれているかもしれない。これが最良であるというトレーニング日誌はなく、必要に応じて内容を修正しながら、あくまでもより選手が使いやすく、指導者が心身のコンディションを把握しやすいものを創造していく努力が指導者には要求されるであろう。

また、ビーチバレーシドニーオリンピック４位入賞に輝いた佐伯美香選手も筆者の心理的サポートを受けた一人であったが、資料１は佐伯選手の詳細な日々の練習日誌の一例である。練習内容を正確に記

練習ノートの記入について

☆ この練習ノートは、心身のコンディションの確認、練習メニューや気持ちの整理をあなた自身で行うための手がかりになるよう作られました。できるだけありのままに記入しましょう。

☆ 日付、天気、睡眠時間、今日の目標、身体的・心理的コンディションについては、起床から午前の練習等のスケジュールの前までに記入する。

☆ 練習内容は、午前・午後のそれぞれの練習が終了する毎にできれば記入する。試合であればそのスコア等、結果を記入する。

☆ 練習・試合を振り返って、今日の反省は、消灯までに記入する。

☆スポーツで勝利を得るためには道しるべが必要です。それが目標です。

以下にあなた自身の最終的目標・中間的目標・現在の目標のそれぞれをできるだけ具体的に記入しましょう。そして、毎日機会がある毎にその目標を見て確認しましょう。

あなたの目標は何ですか？

① 今の時点で目標とする大会に向けての目標は？

○第一期

○第二期

○第三期

② ①の目標を達成するために何が必要か？

○第一期

○第二期

○第三期

③ ここ当面（現在）のあなたの課題は何？

○第一期

○第二期

○第三期

表4 トレーニング日誌の記入方法と目標設定フォームの一例

月　　日（　　）天気　　睡眠時間（　　時間）			
練習内容（午前） 時　分 ～　時　分	練習内容（午後） 時　分 ～　時　分		
◆◇　朝〈身体的コンディション〉◇◆			
体　調	非常に悪い　1-2-3-4-5-6-7　非常によい		
悪い場合の様子			
食　欲	全くない　1-2-3-4-5-6-7　非常にある		
故　障	ある　・　ない		
故障の程度や処置	気になる　1-2-3-4-5-6-7　気にならない		
◆◇　朝〈心理的コンディション〉◇◆			
不　安	全くない　1-2-3-4-5-6-7　非常に多い		
悲しみ	全くない　1-2-3-4-5-6-7　非常に多い		
怒　り	全くない　1-2-3-4-5-6-7　非常に多い		
活　気	全くない　1-2-3-4-5-6-7　非常に多い		
混　乱	全くない　1-2-3-4-5-6-7　非常に多い		
ヘトヘトにくたびれている	全くない　1-2-3-4-5-6-7　非常にそう		
精神的に疲れている	全くない　1-2-3-4-5-6-7　非常にそう		
疲労がたまっている	全くない　1-2-3-4-5-6-7　非常にそう		
全身がだるい	全くない　1-2-3-4-5-6-7　非常にそう		
足がだるい	全くない　1-2-3-4-5-6-7　非常にそう		
疲労困憊している	全くない　1-2-3-4-5-6-7　非常にそう		
◆◇　夜〈練習・試合を振り返って〉◇◆			
満足感	非常に低い　1-2-3-4-5-6-7　非常に高い		
疲労感	非常にある　1-2-3-4-5-6-7　全くない		
今日一番印象に残るプレーは？　ナイスプレーorだめなプレー？			
コーチの指導で不明な点やうれしかった点、わかったことは？			
メンタルトレーニングの実施状況は？	実施した　・　実施しなかった		
内容		結果	
体力トレーニングを実施した感想			
明日に向けて			

表5　1日分のトレーニング日誌：記入用フォームの一例

年　月　日（　）大会名：　　　　会場：

〔　　〕　　〔　　〕

今日のテーマ				
◆◇　技術面　◇◆				
スパイク	トスとのタイミング	悪かった	1-2-3-4-5	よかった
	打点の高さ	悪かった	1-2-3-4-5	よかった
	打球の高さ	悪かった	1-2-3-4-5	よかった
	相手ブロックとの駆け引き	悪かった	1-2-3-4-5	よかった
	ねらったところに正確に打てた	できなかった	1-2-3-4-5	できた
	具体的にどうだったか？			
レシーブ	サーブレシーブ	悪かった	1-2-3-4-5	よかった
	強打レシーブ	悪かった	1-2-3-4-5	よかった
	フェイントレシーブ	悪かった	1-2-3-4-5	よかった
	具体的にどうだったか？			
ブロック	目の動き（ボール→セッター→ボール→スパイカー）	できなかった	1-2-3-4-5	できた
	スムーズな左右へのステッピング	悪かった	1-2-3-4-5	よかった
	最終的な空中フォーム	悪かった	1-2-3-4-5	よかった
	具体的にどうだったか？			
サーブ	相手レシーブを崩すサーブ	悪かった	1-2-3-4-5	よかった
	サーブミス	悪かった	1-2-3-4-5	よかった
	具体的にどうだったか？			
トス	スパイカーが打ちやすいトス	悪かった	1-2-3-4-5	よかった
	相手を翻弄するトス	悪かった	1-2-3-4-5	よかった
	正確な位置へのトス	悪かった	1-2-3-4-5	よかった
	具体的にどうだったか？			
チーム	レシーブフォーメーション	悪かった	1-2-3-4-5	よかった
	攻撃のコンビネーション	悪かった	1-2-3-4-5	よかった
	チームメイトとの信頼性	悪かった	1-2-3-4-5	よかった
	具体的にどうだったか？			

◆◇ 体力・精神面 ◇◆				
ゲームの様子	集中力は持続できた	できなかった	1-2-3-4-5	で き た
	試合中不安はあったか	多かった	1-2-3-4-5	なかった
	会場の雰囲気にのみこまれた	非常にそう	1-2-3-4-5	全くなかった
	緊張して周りがみえなかった	非常にそう	1-2-3-4-5	全くなかった
	疲労感	疲 れ た	1-2-3-4-5	疲れなかった
学んだこと	自チームから	今日のテーマの達成度とゲームのポイントは？		
	相手チームから			

表6　トレーニング日誌：ゲーム後の反省記入用フォームの一例

述するとともにコーチの話もポイントをまとめており、佐伯選手の己を知った上での相手との戦いがあったことを十分に感じさせるものがあった。佐伯選手がこのような詳しい練習日誌を日々書き記したという事実や継続するという強い意志力には驚嘆であるが、佐伯選手にとって自己の努力の足跡を記録できたことは他の人では経験できない貴重なものであり、自身にとっても必ずや財産になるものと期待されよう。

資料1　オリンピック選手の詳細なトレーニング日誌の記載例
（シドニーオリンピックビーチバレーボール4位佐伯選手の場合）

2月　11日（水）

5:45　起床、朝食
6:45　出発
7:00〜8:30　練習
〜9:00　ミーティング
〜11:00　試合見学
〜1:00　昼食

5:10　出発
6:00〜7:30　練習
9:00　夕食（日本食）

● AM 練習内容 ●

1. アップ、パス
2. レシーブ
3. サーブカット
4. カットから攻撃

1. パス　・パスして、左右に動いて。
・真上にパス　下がる
・対人レシーブ

2.

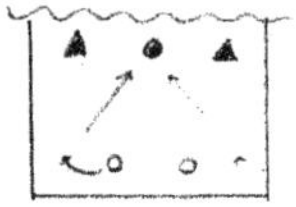

▲からきたチャンスボールを●へパス　2人×20

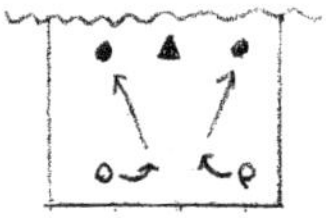

▲からきたチャンスボールを●へパス　2人×20

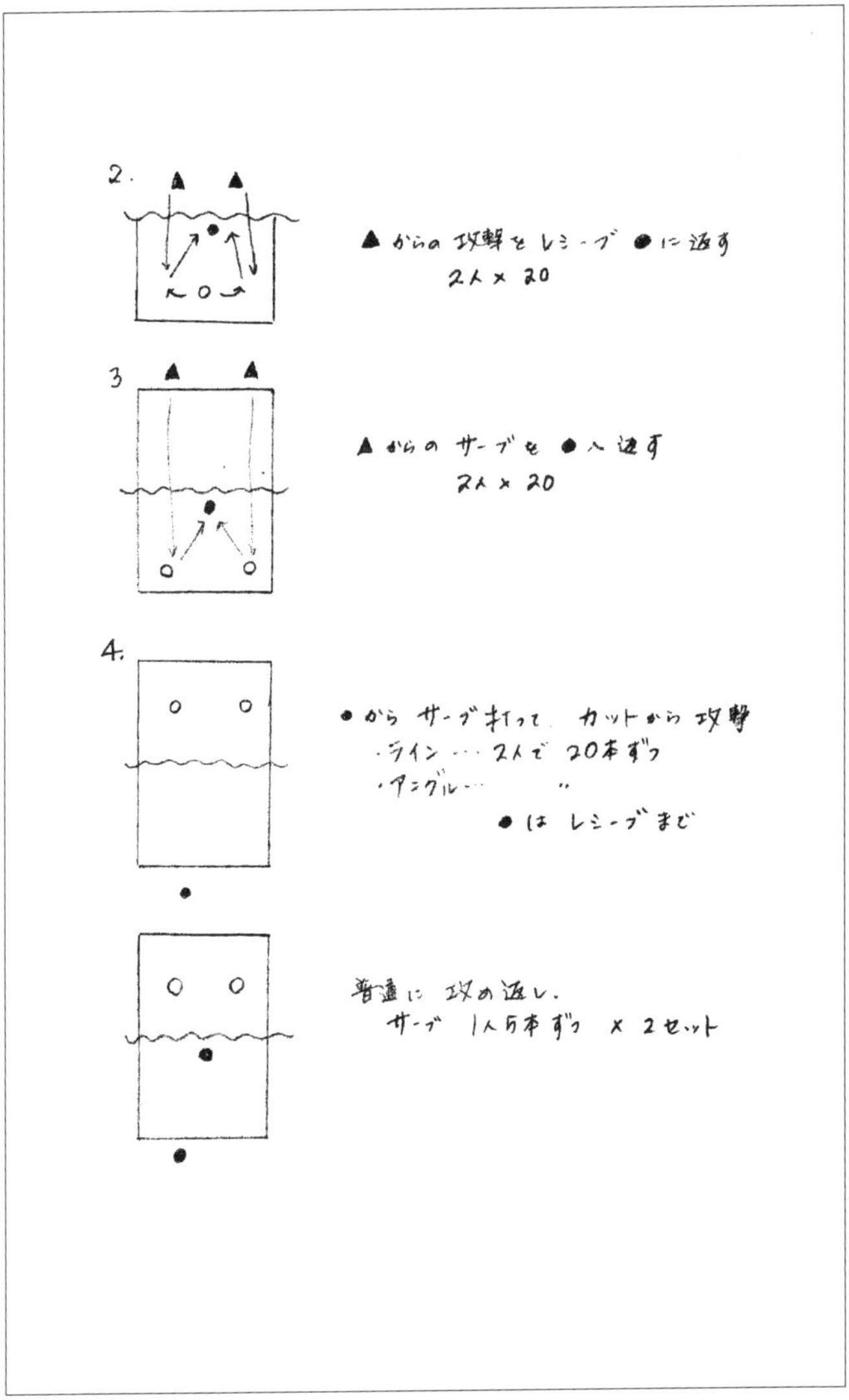
2.
▲からの攻撃をレシーブ●に返す
2人×20
3
▲からのサーブを●へ返す
2人×20
4.
●からサーブ打って　カットから攻撃
・ライン…2人で20本ずつ
・アングル…　〃
●はレシーブまで
普通に攻め返し。
サーブ 1人5本ずつ ×2セット

〈コーチの話〉

・短い期間でいろんな事を変えていくのは無理だから、1つ1つのプレーのフォームなど気付く事をどんどん言っていきたい。
・プレーをやる上で、結果が良くても、フォームがダメだったら、それはダメ。苦しい時に、出来ない。
・もちろん、苦しい息の上がる練習も大切だけど、1つ1つのプレーをしっかり、（フォームなど）する事が大事。
・プレーをする時は、自分に自信を持ってプレーする事、でないと、ベストはプレーは出来ない。
・PMは主にレシーブ、（ディフェンス）のフォームを教えていきたい。
・　それぞれが得意な事をベストな形でできるように、練習をやる。
・自分のベストなフォームを崩さないように、やる事。

● PM 練習内容 ●

1. アップ、パス、
2. レシーブ
3. レシーブからトス　攻撃

2.
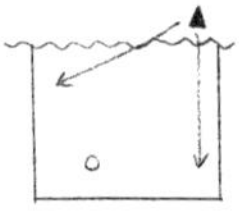

▲から攻撃されるボールをレシーブ　2人で　20本
ライト側　レフト側

3.
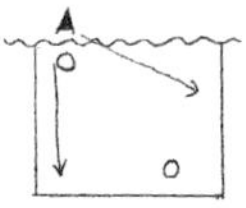

▲からの　カットショット、ラインショットをレシーブして、攻撃
2人で　20本　ライト側　レフト側

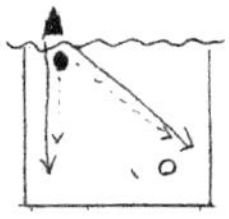

▲からの　ショットを　●が　フェイクして　レシーブして　攻撃
2人で　20本　両側

〈コーチの話〉
今日は強風でもう1つディフェンスでやりたい方が出来なかったけど、強風の中で効果のある練習ができないと思うから、今日はできなかったけど、こうして今日、こういう強風の中で練習できた事をラッキーだと思いたい。強風の中でのディフェンスはとても難しい いい練習ができた。

今日は、すごい風で、レシーブもトスも思うところに上げれなくって、本当、情けない。しかし、ユッコさんは、打ちやすいトスを上げてくれる。すごく迷惑かけてると思うので、もっとしっかり練習して、風にも強くなりたい。

〈シドニーオリンピックビーチバレー4位佐伯美香選手のコメント〉

「遠藤先生にメンタル面でのサポートをして頂くようになったのは、シドニーオリンピックの2年前くらいになります。ＪＶＡ主催のメンタルトレーニングの勉強会がきっかけだったと思います。インドア時代にジュニアのマネージャーとしても遠藤先生にはお世話になり、とても几帳面で、やさしい印象を持ち、なんでも相談に乗って頂いて、選手にとっては無くてはならない貴重な存在でした。そんな先生からメンタル面のサポートをメールにて受けて、非常に気持ちが楽になり、シドニーオリンピックの出場権を得るための大事な練習、試合にベストな状態で望めたことはいうまでもありません。

　今まで20年以上バレーボールをやってきて感じることは、勝負に勝つために一番大切なことは、練習してきたことを、どれだけ本番（試合）で出せるかということです。試合での不安を取り除くために、練習に練習を積み重ね、試合をすればまた新たな課題が生まれ、またそれを克服して試合に臨みます。それらの準備を万全にしたとしても、本番で出せなければ意味がありません。試合でいつもの自分を発揮するためには、やはり普段からの自己を把握するための練習日誌の継続的記録やメンタルトレーニングが必要不可欠になってきます。しっかりした目標設定をし、目標達成するための技術、体力面での準備、そしてそれらを最大限に発揮するために必要になるのが、メンタル面（集中力、プラス思考、リラクセーション、試合に対する心理的準備など）です。特にビーチバレーは、ベンチに監督がいて指示があるわけではないですし、代わりの選手もいませんので、試合をしながら相手を分析し、自分自身の心理的コントロールもしなければなりません。自分にとって一番の集中の仕方は？　よいイメージを作るには？　など自分に一番あったセルフコントロールの仕方を見つけること。そして遠藤先生のような心理・メンタルでの指導、アドバイスをくださる方がいるのが望ましいと考えます。」

3　緊張レベルのコントロール

我々は競技を行う時、自分で意識するとしないにかかわらず自己の内外からいろいろな心理的刺激を受けている。たとえば、「今日は気合いが入っている」とか、逆に「今日は気が乗らない」、さらに、「今日は観客も多いしタイトルのかかった重要な試合である」とか、「今日は消化試合だしこれを注目している人もいない」といったように様々な強さ・種類の刺激である。実はこの刺激の強さが試合でのプレーのできばえに大きく関与しているのである。図5は、刺激の強さとプレーのできばえの関係を示したものである。これを見ても分かるように、刺激によってもたらされる緊張の強さとプレーの出来映えの間にはＵの字をひっくり返した逆Ｕ字の関係があり、試合時等のプレー場面において、選手の感じる緊張が強すぎても（俗にいわれる入れ込みすぎ、力みすぎ、焦りすぎ等、あがりといっても良い）、弱すぎても（気が乗らない、あきらめムード、萎縮している等）良いプレーは期待できないということである。

心地良い緊張、軽い興奮、注意の集中といった自分にとって最適の緊張のレベル（最適ゾーン）があり、このような状態（フロー状態といわれる）の時に普段の実力がもっとも発揮できる。したがって、選手としていろいろな強さの刺激から引き起こされる様々なレベルの緊張を最適レベルの緊張として受け止めることができるようにいかに調整できるかが重要な能力となり、これもメンタルマネジメントの大きな一側面である。要するに、緊張が強すぎる場合にはリラックスできることが必要だし、緊張が弱すぎる場合にはアクティベーション（活性化）することが求められる。この両技術はともに試合場面等において重要な心理的技術（メンタルスキル）であり、これらのスキルアップを目指すのがメンタルトレーニングの中でも基本的な部分をなす「リラクセーショントレーニング」であり「アクティベーショントレーニング（サイキングアップ）」である。レーヤー（1997）[15] は、このことをテニス選手の心拍数とパフォーマンスとの関係を例に取

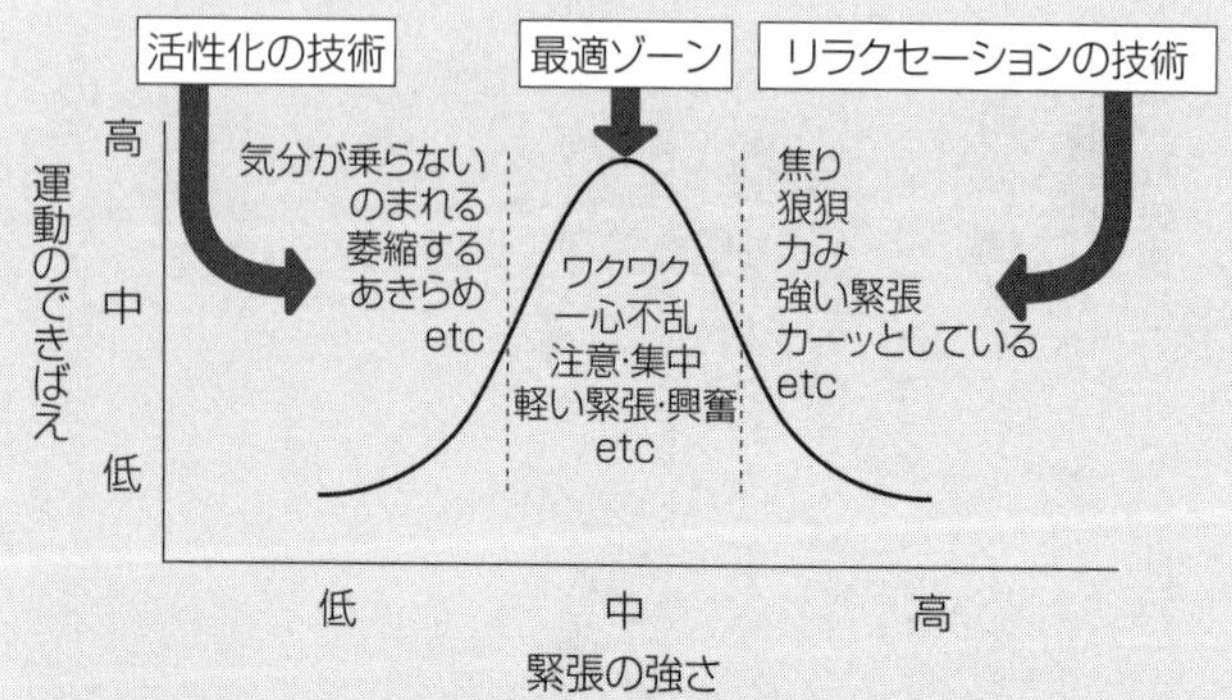

図5　緊張のレベルとプレーのできばえとの関係およびその時の心理状態（杉原、1993 [14] に筆者が加筆修正）

り次のように説明している。

すなわち、心拍数が１２０～１５０拍／分の時、選手は最高のプレーをしている。１５０拍／分より高いのは緊張のしすぎか息が上がっている状態で決して良いプレーは望めない。１２０拍／分以下なら気分の盛り上がりが足りないかウオームアップ不足で当然最高の動きはできないとしている。そして、いずれの場合においても、最適の心拍数にコントロールするような働きかけが必要であることを指摘しているのである。

1　アクティベーション（サイキングアップ）の図り方

もし緊張が弱すぎる場合には、当然緊張レベルを高める手だてが必要ということになる。そこで、緊張が足りないような場合に気持ちを高める、意欲を高めることに有効な心理的技術、すなわち、アクティベーション（活性化）、もしくは、サイキングアップと呼ばれる技術について考えてみる。

(1)　アクティベーションが必要な時はどの様な時か？

我々の心理状態がどの様な時に緊張レベルが不十分だと考えられるのであろうか？　レーヤー[15]等をまとめると、次のような試合前・中における心理状態の変化を挙げることができる。

①　闘志が湧かなくなる。すなわち、闘う気持ちが萎えたり、気分が乗らないと感じる時。

② 自分の動きが鈍くなったかなあと思うような時。

③ 集中力が無くなり、注意力や気持ちが散漫になったと思う時。

④ 忍耐力が無くなり、競技なんてどうでもいいや！ といったなげやりな気持ちになったと感じる時。

⑤ 注意力が低下し、試合の進行が正しく予測できない。もしくは、判断のタイミングが何となく遅れ気味だと感じる時。

⑥ 見ている人からは、何となく疲れてうんざりしているように見える時。もしくは、意気消沈しているように見える時。

⑦ 何をやってもダメだというあきらめ感、無力感が生まれた時。

⑧ 試合相手が異様に強うそうに見えて萎縮したり、相手にのまれているなあと感じた時。

⑨ 試合前から怖じ気づいたり、意気消沈していると感じた時。

(2) アクティベーションの実際

試合前でも試合中でも、心理的なエネルギーが十分でないと感じたならば、直ちに次のような方法を実行してみよう。

① 短く早い呼吸を繰り返す

ロウソクの火を吹き消す時のように強く息を吐き出す。それも、フウーと長く吐き出すのではなく、フッ・フッ・フッというように短く早い呼吸を繰り返す。

② 簡単な身体運動を繰り返す

心拍数を増加させることによって緊張レベルを高めることができる。軽いジャンプを繰り返すとかその場で腕も振ってもも上げをする、といった心臓がドキドキするような運動を行うことでも血流も促進され気持ちも高まってくる。

③ 積極的な独り言（セルフトーク）をいう

気持ちを奮い立たせるためには、積極的な独り言を口にする、それも自分にいい聞かせるようにいうことが必要である。たとえば、「絶対できる！」「チャレンジするぞ！」「必ず良いプレーができる！」というような言葉を自分に暗示をかける様なつもりでいってみる。

④ 自分の気持ちを高揚させる事柄に思考を向ける

たとえば、試合で勝ったり優勝した時の感動や喜びに考えを向けたり、自分の調子の良かった時の姿を思い出しその時の気持ちに思いを馳せたりして気持ちを高め、眠っているチャレンジ精神を呼び起こそう。アテネオリンピック「なでしこジャパン」サッカー女子日本代表チームが感激ビデオを見て気持ちを高めたという話題もこの活用例である。

⑤ 最終目標を思い起こして再確認する

自分の最終目標としてもっているものは何か？　スポーツ選手としての自分の夢は何だったのだ？

ということを思い出して再確認することも気持ちを高めることに役立つ。

⑥ プレーに集中する

緊張レベルが低下するとプレーへの注意集中も低下することが分かっている。そこで、プレーとは関係のないところに向けられている注意をもう一度プレーそのものに集中し直すことが求められる。「ボールに集中！」「○番をマークしろ！」といったアドバイスを与えることによりゲームやプレーそのものに没頭させる様なきっかけを作り、今のプレーに全力を傾注することを思い出させよう。

⑦ その他…身体に刺激を与える、大声を出す

大相撲の力士の動作を観察すると、立ち合いの時間が近づいた時に両手で顔をパンパンと叩いたり、大腿部をパンと叩く姿が見られる。また、ラグビーやアメリカンフットボール選手のように、試合前に控え室で円陣を組み、かけ声をかけたりする姿も見られる。これは身体に刺激を与えることで気持ちを高めているのである。

2 リラクセーションの図り方

(1) リラックスすると何が有利か？

それでは、最適レベルまでリラックスするとどんな良いことがあるのであろうか。まず、リラックスの効用について確認する。

①　筋肉をリラックスさせると、スピードと正確性を兼ね備えたプレーがエネルギー効率よく遂行できる

緊張して身体に力が入りすぎていると、そのプレーを遂行する上で必要のない筋肉までもが緊張してしまい、全体としてプレーがぎごちないものになってしまう。また、心理的な緊張のあまり、ただがむしゃらに頑張ってプレーすれば何とかなると思っても、これでは筋肉に過度の緊張を与えエネルギーを浪費するだけで、結果として素早い正確なプレーとはほど遠いものとなる。やはり、必要な時に必要な筋肉が必要な強さで緊張するということが素早く正確なプレーには重要であり、そのためにはある程度筋肉の緊張がゆるんでいることが求められよう。始めから緊張していると、必要な時にそれ以上緊張することもできないし、たとえできたとしてもそれは過緊張という結果に結びつく。

②　心理的にリラックスすると、外部からの情報が正確に入手され、行動の決定がスムーズに行える

いい換えると、情報処理を的確に行うことができるということである。たとえば、我々が車を運転する際には一般的に「認知」「判断」「操作」というプロセスの重要性が指摘される。すなわち、もし前を走る車がブレーキを踏んだとすると、まずブレーキランプが点灯したことにより前の車がブレーキをかけたことを理解する（認知）。次いで、前の車が減速したのだからぶつからないように自分も減速した方が良いだろうと判断する。そして、ブレーキを踏むための命令を筋肉等に発し、最終的に足がブレーキペダルを踏むという行動が行われる（操作）。このように大脳レベルにおける情報処理が的確に行えることが危険を回避するためには大変重要である。スポーツにおいてもこれと全く同様なプロセスが適

用されることになる。リラックスしすぎていても必要な情報に疎くなったり筋肉の反応も遅れ気味になったりして操作性も良くないが、緊張しすぎていると注意の幅が狭くなり入手できる情報が限られてしまったり、判断も数少ない情報の中から興奮の中であたふたといろいろなことを決定していかなければならないので不正確になり、当然結果として身体の操作もおぼつかないものになってしまう。心理的にリラックスするということは泰然と構える中にも思考はピンと張りつめた状態といえるかもしれない。

③ リラックスすることにより疲労回復が促進される

ここで筆者の研究室で行ったある実験結果を簡単に紹介しよう。男子大学生に重りを持った腕の屈曲運動を継続できなくなるまで3セット行わせた。各セット間の5分の休息中に、A群は何もしないでただ休む安静休息群、B群は仰臥位での腹式呼吸を行うリラクセーション群、C群は自転車エルゴをこぐ軽い全身運動群、の3群を設け、その後の各セットの継続回数を比較したところ、リラクセーション群、全身運動群、安静休息群の順で継続回数が少なくなっていった。すなわち、リラックスをはかった群が最もセット間での疲労回復が促進され成績が良かったのである。血液循環が良くなり新陳代謝が促進されたことによるものと思われるが、いずれにしても、リラックスすることが疲労回復に役立つことがわかる。スポーツの試合や練習の後では普段の生活以上に疲労することは当然であり、毎回の疲労を残さないためにもマッサージやストレッチに加えてリラクセーショントレーニングを行うことの重要性が指摘されよう。

④ 身体的要因と心理的要因は密接に関連しており相互補完的な関係にある

すなわち、身体的・心理的のどちらかの要因において緊張すれば、他の要因も同様に緊張する。逆にいえば、身体的（心理的）にリラックスすれば、心理的（身体的）にもリラックスできるのであり、リラクセーショントレーニングではどちらかの要因に働きかけるということになる。

(2) どの様な時にリラクセーションが必要か

我々が不安を感じたり緊張したりした時に用いられるものがリラクセーションの諸テクニックである。我々は不安や緊張すると無意識的に様々な生理的な兆候やサインを示すことが知られている。重要なことは、我々指導者や選手が不安や緊張の兆候・サインを見落とさずに、それらを見いだしたら直ちにリラクセーションの諸テクニックを行使できるかどうかということである。そこで、以下に不安や緊張のサイン・兆候をまとめてみた。これらを理解することにより正確に緊張レベルを理解することができ、対応も迅速にできるものと思われる。

- 冷たく、しめった手
- 頻尿欲求
- おびただしい汗
- 否定的独り言

・生気のない目
・筋緊張の増加
・胃のワサワサ感
・悪心
・頭痛
・口（のど）の渇き
・連続する吐き気
・不眠
・集中の欠如
・競技場面以外では調子が良い

このようなサインのいくつかを示す選手は間違いなく不安や緊張が高い者といえる。ポイントは、通常は肯定的な選手が否定的になるというように、ストレス下とそうでない環境下における変化に気づくことなのである。

(3) リラクセーショントレーニングの実際

試合等においては、一般的に「あがり」等の言葉に代表されるように強い緊張を感じるケースが多いと思われる。もちろん、一言に緊張といっても、その種類、症状、程度は多種多様であり個人差が存在する。大別すると生理的な緊張と認知的な緊張に分けられる。生理的な緊張には、呼吸数の増加、心拍数の増加、血圧の上昇、発汗、震え、のどの渇き、筋肉の硬直などが含まれ、認知的な緊張には、マイナス思考、考えすぎ、不安感、自信の欠如、などが含まれる。それぞれの症状が発現した場合には緊張状態であると考えられ、以下に示すリラクセーションテクニックを組み合わせて対応すれば良い。

ここでは、選手が手軽に直ぐにでも実施可能なものから、慣れるには少し練習（トレーニング）が必要なものまでいくつかの方法を説明する。それぞれの方法は単独でも用いることはできるが、2～3の方法を適当に組み合わせて行うことが肝要である。また、これはメンタルトレーニング全般に当てはまることだが、1～2回試みただけで効果を云々することは早計である。心理的技術（メンタルスキル）を向上させるためのトレーニングであるので何回も何回も定期的に実施することの重要性を確認しておきたい。

①　目をつむる

試合前に緊張しているなあと感じたならば、控え室等の静かな場所を探し、腰を下ろして目をつむってみよう。その時に、これからやる試合で自分がうまくプレーしている姿をイメージしても良い。また、試合中でも、状況が許すならばわずかな時間を見つけて目をつむってみるのも心を落ち着かせることに効果がある。たとえば、自分のサーブでゲームが開始される時とか、23対23のジュースといった非常に緊迫したゲーム場面でサーブ順が回ってきた時など、緊張した状態のままサーブをすれば、力が入りすぎてアウトになったり、筋肉が萎縮してボールを正確にヒットできなかったりしてミスにつながる場合が多くなってくるかもしれない。そんな時に、サーブの直前にわずかでも目を閉じれば緊張が少しは和らぐはずである。目をつむると同時に深呼吸しながら「ナイスサーブ」「ボールが落ちる」等を念じることも良い。また、メンバーチェンジでベンチに戻ってきた時にも、特にプレーがうまくいかずに代えられてしまった様な時には、タオルでも頭から被り目をつむってみよう。そして、それまでのプレーやこれからコートに入った時にどういうプレーをしたら良いかを頭の中で整理してみるのである。しだいに落ち着いて次への意欲も湧いてくるはず。

我々は緊張すると、動作も落ち着きがなくなり、目も視線が定まらずキョロキョロしてしまう。この目のキョロキョロが問題であり、それにより不必要で余分な刺激までも取り入れてしまい、さらに緊張を募らせるという悪循環に陥ることになる。たとえば、試合前であれば、「スタンドに前の監督が見に来ている」「強豪チームが観戦している」等の気にしなくても良いことに目がいってしまったり、試合中であれば、自分のミス等の後で「相手の勝ち誇ったような顔を見る」「ベンチの監督の苦り切った表情に気がつく」等のマイナス要因に煩わされることがあるかもしれない。目をつむるというわずかな行為でも外界の刺激の一部を遮断することに役立つので、心も和らぎ精神の集中にも効果が期待できる。

② 腹式呼吸法を実践する

緊張している時とリラックスしている時とでは呼吸の仕方が異なることは承知のことであろう。すなわち、緊張状態の時は短く不規則な呼吸になり、時としてあえぐ感じにさえなる。そして、何となく息詰まった感じになり一つ大きく息をしたい欲求に駆られ、これが少しでもリラックスしたいという深呼吸につながる。逆に、リラックスしている時には呼吸も深く自然で一定のリズムを保っているはずである。したがって、緊張している時にはリラックス時の呼吸を、少し緊張感を高めたい時には緊張時の呼吸を、というように呼吸のリズムを調整することによって緊張を和らげリラクセーションを助長したり、逆に興奮状態を作り出す（活性化する）ことができるということになる。以下の実施方法に準じて、普段の胸郭を使っての呼吸から横隔膜をも使用した腹式呼吸を行う。

(ア) 楽な姿勢をとる：初めはまず自分にとって楽な姿勢をとる。最終的にはいつでも、どこでも、どんな姿勢でもできるように自由な姿勢で行うことになる。閉眼が通常だが開眼の場合にはどこか一点を見つめて視線を泳がせないことが重要である。

(イ) 息を吸い込む：次に、「イ〜チ、ニ〜、サ〜ン、シ〜」と1から4までゆっくりと数えるように4呼間で鼻からゆっくりと息を吸い込む。その時に意識はヘソの下あたり（俗にいう丹田）に集中し、腹部全体を前に膨らませ、その力で肺に普段以上の空気が入るようにする。この際、「勇気を吸い込んでいる」「自信を吸い込んでいる」とつぶやきながら行うことも良い。

(ウ) 息を止める：息を吸ったら「イ〜チ、ニ〜」と2呼間は、息を吐きたいのを我慢して息を止める。

(エ) 息を吐き出す：口を少しつぼめて「イ〜チ、ニ〜、サ〜ン、シ〜」と1から4までゆっくりと数えるように4呼間で静かに息を吐き出す。この時に腹部全体を凹ませるようにして空気を体の外に押し出す。また、徐々に5〜8呼間と延ばしてもかまわない。また、「不安が出ていく」「リラックスしていく」「落ち着いてくる」と念じながら息を吐くことも自己暗示の一種で「暗示呼吸」といわれ効果がある。

(オ) 以下前記の(ア)〜(エ)の手順を繰り返す：吸って、止めて、吐くという呼吸法を10回程度繰り返してみると呼吸の仕方のポイントが少しずつ分かってくる。

普段我々は主に胸郭を使って呼吸をしているが、腹式呼吸を行うことにより横隔膜も使用することになり普段以上の空気を吸ったり吐いたりすることになる。そして、人によって違いはあるかもしれないが、通常1分間におよそ13〜14回行っている呼吸数を3〜4回に減らすことができる。普通は意識していない呼吸を意識的に行うわけであるから、最初は多少違和感があり呼吸しにくいはずである。したがって、この呼吸法に慣れるためには、何回も練習・トレーニングすることが必要となる。

この呼吸法は、吐く時に吸気の時よりも心拍数が減少するという生理的効果を利用して、交感神経優位から副交感神経優位へと切り替えるといった自律神経系の調節を意識的に行うことができるとされている。したがって、吸う時もだが、息を吐き出すことを強く意識する必要があろう。

まず、この呼吸法を何回でも良いが1日約5分間、1週間程度トレーニングしてみる。そして、始めよりもリラックスできるようになったと感じるようになったら少しずつ慣れてきたということである。ゲームスタート前、サーブ等のプレー直前、ミスした後、タイムアウト時、プレーの合間等、試合においてプレッシャーを感じた時にこの呼吸法を実施することにより過敏な反応を鎮められるようになってくる。息を吸う時に肩を上げ、吐く時に下げるようにしても良く、この呼吸法は肩や首の筋肉のリラックスにも効果があるし、何よりも呼吸に注意を向けることにより他の余分な考えに煩わされなくて済む。リラクセーショントレーニングの最も重要で基礎的なメンタルスキルである。

③ 漸進的リラクセーショントレーニング（筋弛緩法）：筋肉の緊張→弛緩を繰り返す

試合前や試合中の緊迫した場面で、首を回したり、手足をブラブラさせている選手に気がつくことがあるかと思う。これはいろいろなプレッシャーを感じる中でいつのまにか肩とか腕に力の入っている自分に違和感を感じて無意識的にそれをほぐそうとしているのである。誰でもきっとそんな経験があることであろう。

このように、我々は心理的な緊張、不安、ストレスを感じると筋肉もそれに呼応して必要以上の緊張を示す。そしてまた逆に、筋肉をリラックスさせると精神的にもリラックスするという関係のあることも明らかにされている。この両者の関係を利用したリラクセーショントレーニングの一つが、ジェイコブソン（アメリカの心理学者）が考案した漸進的リラクセーション法（筋弛緩法）である。

このトレーニングは、各筋群を一つのまとまったシステムとして捉え、身体各部に力を入れる（緊張）、その状態を保持する、次いで力を抜く（弛緩）をいう一連のサイクルを繰り返しながら、その部位を順番に拡大していき、最終的に全身をリラックスできるようにするものである。すなわち、筋肉をリラックスさせたくてもどういう状態がリラックスした状態なのかが分からないとリラックスのしようがない。それなら逆に思いっきり筋肉を緊張させ、その状態から意識的にパッと力を抜きリラックス状態を感じ取ろうというものである。「ああ、これが筋肉の力の抜けた状態なんだ」と感じられるようになれば、それとともに精神的な安静も戻ってくるはずである。

ここでは実施しやすいように山中・富永（2000）[16]による簡便的な筋弛緩法を紹介する。トレーニングの要領は以下に示すが、筋肉を緊張させる時には、これ以上力が入らないというくらいまで思いきり力を入れて緊張させ、その反動で力をパッと抜いてリラックスすると良い。1回約5~10分程度のペースで行う。

(ア) 右手（左利きの人は左手）を背屈させる→ストーンと力を抜く
(イ) 左手（左利きの人は右手）を背屈させる→ストーンと力を抜く
(ウ) 右足（左利きの人は左足）を背屈させる→ストーンと力を抜く
(エ) 左足（左利きの人は右足）を背屈させる→ストーンと力を抜く
(オ) 両手（両手同時に）背屈させる→ストーンと力を抜く

(カ) 両足（両足同時に）背屈させる→ストーンと力を抜く

(キ) 両手を同時に背屈させ、次いで両足を同時に背屈させる→両足、両手の順でストーンと力を抜く

(ク) 両手を同時に背屈させ、次いで両足を同時に背屈させ、最後に胸に力を入れる→力を入れた順と逆の順で力を抜く

(ケ) 両手を同時に背屈させ、次いで両足を同時に背屈させ、さらに胸に力を入れ、最後に腰を浮かすように力を入れる→力を入れた順と逆の順で力を抜く

(コ) 両手を同時に背屈させ、次いで両足を同時に背屈させ、さらに胸に力を入れ、次いで腰を浮かすように力を入れ、最後に顔全体に力を入れる→力を入れた順と逆の順で力を抜く

手順は以上だが、各ステップにおいて記述したように順番に力を入れるが、力を抜く際にはその力を入れたその順番と逆の順番で力を抜いていくことに注意する。たとえば、（ク）では仰臥位で手の平を床に向けている状態から両手首を背屈させるように力を入れたら、次いで両足首を背屈させる様に力を入れ、最後に胸の筋肉をくっつけるように力を入れそのまま維持する。その後、今とは逆の順番で胸→両足→両手の順で力を抜いていくということになる。山中・富永（２０００）[16]は、この漸進的筋弛緩法の効果について、初めて行った人でも「身体の力が抜けて軽い、温かい、身体が何となく重たいような、それでいてお風呂上がりのようなホッとした感じ、心が穏やかになって気持ちいい」といったリラック

ス感を体験できると指摘している。対象とする身体各部位の筋肉数もそんなに多くなく、また緊張のさせ方も比較的容易なので実施しやすいと思う。

④ 顔の集中的リラックス[17]：笑い（スマイル）の効用

人が緊張しているかどうかは顔の表情を見れば直ぐに分かる。したがって顔の緊張をとるだけでもリラックスに有効である。これは筋弛緩法の応用バージョンといって良い。悩んでいる時の顔や不安げな顔を想い浮かべればわかるように、緊張している人の表情は、あごが引け、額や眉間にはしわが寄り、口はぎゅっと結んで、幾分目つきも悪くなっているかと思う。すなわち、表情がこわばったり引きつったりしているのであり、これは顔の筋肉が緊張していることによる。したがって、緊張を解くにはこれらの表情と反対の表情を作るようにすれば良いということになる。

(ア) まず、深くしわの寄った額と眉間の緊張をとることから始める。少し眉を上げるようにしたり、目を多少見開き気味にすると額や眉間の緊張を簡単にとることができる。これだけでもかなり緊張がとれリラックスを感じることができるはずである。

(イ) 次は緊張したあごの筋肉や食いしばった歯をリラックスさせる。これには少し歯を開き気味にしたり、口の中で舌を上あごに押し当てると効果がある。

(ウ) 最後は、スマイル。まずできるだけ唇をきつく結び、次にそれを緩めて笑顔を作る。ただ微笑むだけでもストレスによって硬直した顔の筋肉をほぐすことが可能である。

「笑う門には福来る」とか「笑いにより心の健康度が高まる」ともいわれているが、やはりスマイルはリラックスと密接な関係がある。失敗した後の照れ笑いもある意味では緊張をとるための無意識な反応かもしれない。しかし、微笑んだその時には緊張していて心は笑っていないとしても、微笑みの結果として緊張がわずかでも和らぎ心の安静が得られるとしたら、スマイルの効用も棄てたものではない。他の人に安心感をもたらし、チームとして意欲の高まりが期待できよう。

ちなみに、筆者の研究室で笑いの表情に大きく関与する大頬骨筋の動きを、「棒を口にくわえる」ということにより作り出すとどうなるかを実験したことがある。これは、「人は生まれながら備わった感情のプログラムのもとに表情が生起し、その活動のフィードバックによって感情を経験する」というトムキンス（１９６２）の仮説に基づいている。すなわち、そのプログラムに基づいた表情（笑顔）を作ることによって、その筋の活動パターンが中枢にフィードバックされ快刺激がなくても快感情が生起するのではないかと仮定された。実験の結果、「棒を口にくわえる」だけでも心拍数が減少し、皮膚電気反射（ＧＳＲ）の値もポジティブに変化し、さらに気分も好転することが窺えた。換言すれば、リラックス状態と同様な反応を呈したという訳だ。

近年、笑いの効用について、免疫機能を高めるとして医学の世界でも注目され始めているし、「笑いは健康の元。つらい時こそ意識して笑うべきである」と主張する人もいる。様々な例を引くまでもなく、

〝笑い〟がパフォーマンスのアップにポジティブに作用することは確かなようである。スポーツの競技場面は普段の生活よりもストレスフルであるし、ミスをしたり競った場面では、なおのことプレッシャーがかかりやすく選手にとってはつらい場面といえよう。したがって、そんな時こそ意識して笑う、もしくは笑顔を作ることが少しでもリラックスにつながりパフォーマンスに対して好影響が期待できるというものである。スポーツにおいても「笑うのは不謹慎」といわずに気軽に用いてみる価値は十分にありそうだ。

⑤ 自律訓練法：身体の感覚に意識を集中させ、その感覚をつくり出す

ドイツの精神医学者シュルツ博士によって１９００年代の前半に創案されたもので、リラックスした状態になった時に感じる身体の「感覚」に意識を集中させ、そういった感覚を作り出そうとする方法。しかし、それぞれの感覚は無理に作り出そうとするのではなく、自然に任せ、無心に身体各部位に注意を集中させることが大切である。静かな部屋で仰向けに寝るか、ゆったりとイスに腰掛け、始めは閉眼で行うと良い。また、メガネ、腕時計、ネクタイ等、身体を締め付けているものは外しておくと良い。以下に標準練習の内容を示すが「　」内の言葉（公式）を心の中でつぶやき、実際にもそう感じるように集中しよう。また、この練習を始める前に腹式呼吸法等を行うことにより、ある程度リラックスの準備を整えておくことも効果的である。

(ア) 公式０：安静感「気持ちがとても落ち着いている」……この言葉自体は訓練公式ではないが、

以下の各練習段階の合間合間に挿入することにより練習効果を高める役割を果たす。

(イ) 公式１：重感「右（左）腕がとても重たい」……公式を静かに念じながら意識を利き腕の手首あたりに集中する。一般には、右（左）腕→左（右）腕→両腕→右（左）脚→左（右）脚→両脚→両腕両脚の順番で進める。

(ウ) 公式２：温感「右（左）腕がとても温かい」……重感の場合と同じ要領で公式を唱える。重感と同じ順序で練習を進める。

(エ) 公式３：心臓調整「心臓がとても静かに規則正しく拍っている」……最初は右手を心臓部位に持っていき、鼓動を直接感じることも心臓への注意の集中に有効である。

(オ) 公式４：呼吸調整「とても楽に呼吸（息）をしている」……公式を静かに心の中で繰り返し、深くゆっくりとした呼吸を続ける。

(カ) 公式５：腹部温感「胃のあたりがとても温かい」……公式をゆっくりと数回繰り返し意識を腹に集中する。

(キ) 公式６：額部冷涼感「額がとても冷たい」……涼しい風が額に吹きつけている場面などを想像しながら公式を静かに唱える。

我が国には古くから「頭寒足熱」という言葉がある。これは字の如く頭は冷やし足を温めることで、昔から安眠法の一つとされ健康にも良いといわれている。これを自律訓練法と照らし合わせてみると、頭寒は公式6に、足熱は公式2の状態に対応することがわかる。すなわちこの言葉は、リラックス状態について言及したものであり、洋の東西を問わずリラックスした時の身体各部位の感覚には共通したものがある。自律訓練法により「頭寒足熱」状態が作り出せたらリラックスできたことに他ならない。

3 リラクセーションに効果のあるその他のテクニック

日々のトレーニングというよりも、バレーボールのプレーエリアの内外を問わず少し考え方（認知の仕方）や行動・動作の仕方に注意したり、工夫することによりリラックスに効果のあるいくつかの方法がある。

(1) プレーエリアの外において：競技の場ではなく普段の生活の中でもできることはある

縁起・ゲンをかつぐ

我々の周りにも、試合では必ずシューズを履く時は左足からとか、大会中はヒゲを剃らない、ユニフォーム等にお守りやお札を縫いつけるなどといった、ちょっとしたことに縁起やゲンをかつぐ人が多くいることと思う。我が国のある研究によると、調査した日本代表選手の約60％の人が何らかの縁起をかついでいるという報告をしている。また、スポーツイラストレイテッド誌（1988、2月号）によると、日本人よりも物事を合理的に考えているであろうと思われるアメリカのプロスポーツ選手でさえ、「プロテクターの紐は黒と決めている」「ゲーム前にキャンディーを二つ必ず食べる」等というように、縁起ともいうべきことを信じて実行していたそうである。このようなちょっとした工夫でも、洋の東西を問わず一流選手に見られるように、必要な場面で忘れずにその方法が行使できないと当然リラックスには役立たないということになるので、広い意味ではメンタルマネジメントに関わるテクニックということができよう。

　このような縁起かつぎは、たまたまあることをしたら結果がでたとか、結果がでた時にたまたま普段と違う何かをしていた、といったちょっとしたきっかけから始まるものであるが、それによりプレッシャーを取り除こうという一種の自己防衛機制である。筆者が全日本ジュニア女子バレーボールチームに関わっていた時も、監督以下ベンチスタッフ全員で縁起をかつぎ、予選ラウンドから決勝ラウンドまで同じ色のポロシャツで通した、なんてこともあった。他人にとっては何でもない笑い話のようなことであっても、そうすることにより自分で安心感が持てたり自信を維持することができ、気持ちの上で勝運が呼び込めると感じるならば縁起をかつがない手はない。ただし、縁起かつぎはあくまでも簡単にできる単純なことにした方が良い。下手に凝ったり、複雑なものに縁起をかつぐと、それをかつぐことができなかったような場合にそれでも固執するとかえって強迫観念になり、ひいてはパフォーマンスにも良からぬ影響を及ぼしかねないので注意が必要である。縁起やゲンはあくまでも自分がかつぐものであり、自分がかつがれてしまっては元も子もない。時としてその縁起をやめる、もしくは別の縁起に振り替えるくらいの柔軟性も必要だ。誰かに迷惑をかけるものでもなく、自分の気が済むのならポリシーがないなんて考える必要はないのである。

(2) プレーエリアの中において：実際の競技場面で何ができるのか

① 競技場面全体に関わる事項：儀式・ルーティンを活用する

アテネオリンピックに出場した全日本女子バレーボールチームのエーススパイカー大山加奈選手はサービス時に決まってボールを両手で持ち、それを額に当てて祈っているような仕草をすることがすっかり馴染みになってきている。

このようなプレー直前にある一定の動作を常に繰り返すといったパターン化された動作は、実は選手にとっては一つの「儀式」もしくは「クセ」ともいうべきものでプレーの確実性と関係している。ミスをしたり、競っていたり、相手のペースにはまり焦っているような時、我々の動作はいつもよりも知らず知らずに速くなっている。こんな時には次のプレーをミスするケースが当然多くなってくる。これはプレッシャーのかかった状態から早く脱出したいという心理が働き、普段よりも気が急くばかりでなく動作も速くなることから、プレーの正確性が低下するためである。こんな時に普段からプレーの前に必ず行うこと、一定の所作（ルーティン）を決めておき実行すると良い。これを常に行うことにより、特に緊張場面では、普段通りのことをやっているんだという確実感・安心感を持つことができ、焦って次の動作に移ろうとする自分にブレーキをかけることができる。インプレー中は自然と身体が動くことに意識が行き余分なことを考える余裕はないと思われるが、時間的に間がありあれこれとネガティブなことを考えやすいインプレーに移る直前（静から動に移る時）に行うと良い。

ルーティンの効用に関してラビザ＆ヘンソン（1997）[18]を参照して、以下に手短にまとめてみた。ルーティンがいかに有用かが理解できるであろう。

(ア)　次のプレーに対するルーティンを決めておくことで、そのプレーに対する心のスイッチを〝オン〟にすること、すなわち心の準備をする（マインドセット）ことができる。

(イ)　やるべきことのプロセスをこなすことによって集中しやすくなり、集中力を妨げるものから気を逸らすことができる。

(ウ)　ルーティンによって、前のプレーの結果に向いていた気持ちを次のプレーに向かわせる、すなわち気持ちを切り替えることができる。

(エ)　ルーティンの確立によってプレーの結果に左右されない態度が身につき、調子の波が少ない選手、すなわちパフォーマンスの安定した選手になれる。

(オ)　ルーティンを決めて練習することで、試合でも普段の自分自身の状態を保つことができ、それこそ試合のための練習になる。

(カ) プレー上のミスの多くは緊張が高まったことによる動作タイミングの喪失（加速化）が原因である。ルーティンの内容として大きくゆったりとした動作を入れることによって焦ったプレーを防ぐことができる。

それでは、ルーティンを考える際にはどのような部分に留意すれば良いのであろうか。ルーティンを考える際には以下の点に留意する必要がある。

(ア) 第一に自分にどのような言葉を語りかけるのか、ルーティンとして口に出す言葉を選ぶ。たとえば、「集中」「ゆっくり」「オーケー」「ストレート（クロス）」「ブロックアウト」「タイミング」といった自分に合った言葉を試合状況に応じて用いることになる。

(イ) 第二には、ルーティンとして常に何か見るという視覚のコントロールの問題がある。たとえば、事前に決めておいたもの、掲示板、時計、ボール、アンテナ、旗、ポールなどを自身のコントロールや集中力を回復させるポイントとしてプレーの合間に必ず見るようにする。また、内的な面では、たとえば、「ブロックを打ち破って力強いスパイクを決めた」場面といった自分の最高のアタック場面を短時間でもイメージをすることが有効である。

(ウ) 第三はどのような動きを行うかといった行動面のポイントである。たとえば、深呼吸をする、手をたたく、ユニフォームの胸のマークにさわる、両肩の上げ下げをする等、次のプレーを待つ間にやれることは結構ある。

メジャーリーグ、シアトル・マリナーズで大活躍のイチロー選手が1999年1月4日テレビ朝日系「徹子の部屋」にゲスト出演した時のことである。当時、オリックスのイチロー選手は、バッターボックスに入った時に行う彼独特の所作について聞かれると、「打席でバットを刀のように構える仕草は集中するための儀式だ」と答えていた。メジャーリーグでは、日本でやっていたように行うと相手に威圧的になるということで若干控えめな動作に修正したが、それでもイチロー選手のバッティングの確実性を維持することに十分な役割を果たしていることは、彼が毎シーズン200本以上の安打を記録していることを考えれば納得するところであろう。今では彼の所作は「イチローストレッチ」と呼ばれ、アメリカでもすっかり馴染みになっているようであるからたいしたものである。イチロー選手の「刀のように構える」仕草は紛れもなく「プレ・プレー・ルーティーン」の好例といえよう。

また、筆者ら[19]は、バレーボールのプレーのうち、自己のペースで遂行できるサーブに関して、サーブ直前の準備行動（プレ・サーブ・ルーティン）を意識的に行わせることによって、サーブパフォーマンスにどのような影響を与えるのかを大学チームを対象に調査した。その結果、図6は、特に意識した所作をしていない春季リーグ戦時、および、延べ4ヵ月間に渡って各自が作成した所作（プレ・サーブ・ルーティーン）をサーブ中に実践させた秋季リーグ戦時におけるサーブミス率の平均を示したものである。春季リーグ戦におけるミス率の平均は5・13％であったのに対して、秋季リーグ戦におけるミス率の平均は4・48％と統計的にも明らかに低下していた。サーブを打つ前に意識的に準備動作を行うことによって不必要な筋肉の緊張が解け、さらに集中力の高揚にも効果が現れサーブミスの低下につながったものと考えられた。

バレーボールにおける一例としては以下のようなものが考えられる。もちろんルーティンとしての行動は、それぞれの選手によって異なることは当然であり、自身に合ったものを見出し・工夫することが肝要である。

(ア) サーブ時：ボールを見つめ、素晴らしいサーブを打つ姿を想像しながら、2、3回ボールを弾ませた後、いったん動作を止めて構え深呼吸してから打つ。

筆者の今までの経験から、ホイッスルの後に大きな行動、たとえば、深呼吸やボールを手から落としたりする動きが出来る選手は安定したサーブを打てるようである。全日本選手として活躍し

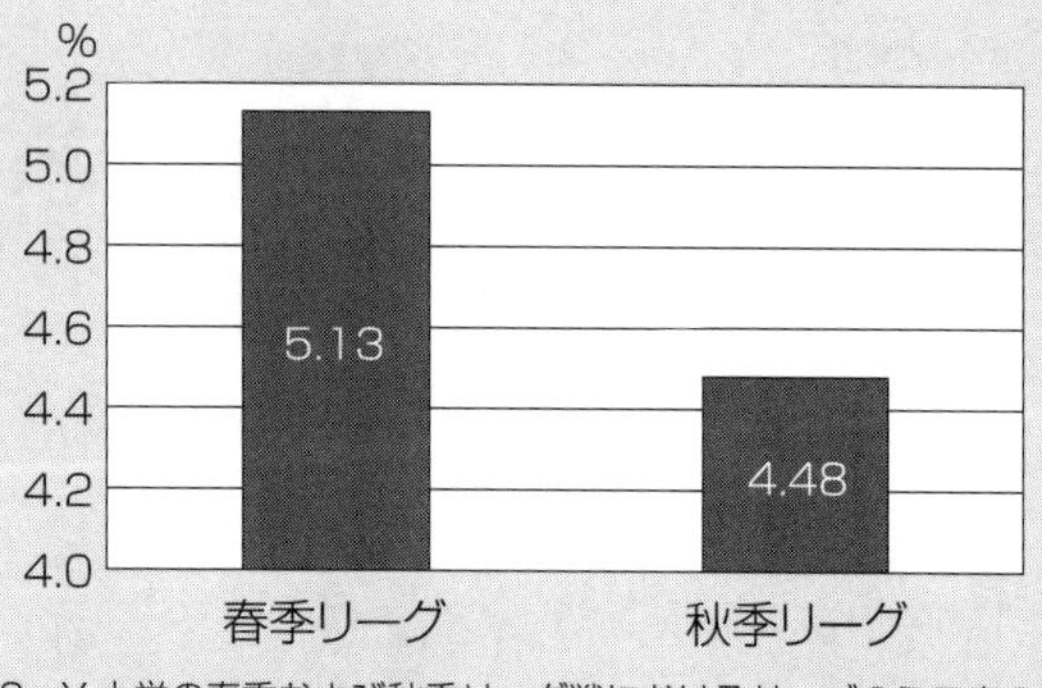

図6　Y大学の春季および秋季リーグ戦におけるサーブのミス率の比較

た細川選手のジャンプサーブはその安定性に定評があったが、やはりサービス時には「サーブの構えに入る前にはいつも同じ動作を繰り返し最高のイメージを描く」(『月刊バレーボール』2004年12月号)と述べているように、必ず一定のルーティンを実施していたという事実がある。

(イ) サーブレシーブ時：隣のポジションの選手と位置とコースの確認をして、左足、右足の順で足元を固め、いったん組んだ両手を両膝に当てて構える。

〈前日本代表・NECブルーロケッツ　細川延由選手のコメント〉

「縁起を担いだりするのがあまり好きではない私が、遠藤先生から自分でも気がつかないうちにルーティンを行なっているといわれて、ちょっとショックを受けたのを覚えています。私の場合、サーブを打つ前にボールを2、3回叩き、その後手の中でくるくるとボールを回転させてからトスを上げます。これがルーティンになっていたのです。『どんな時でもサーブが入る』ということに自信を持っていたのですが、それはルーティンによって普段の練習と同じリズムが作れていたからなんだなあって思いました。特に緊張感の高い試合などで、自分のプレーを意識できる（思い出させる）という意味でもとても重要な行為だと知りました。」

② 危機的場面に関わる事項：ミスした時やゲームの緊迫した場面でどう対応するか

(ア) 意識を切り替える：否定的なことを考える代わりに開き直ろう、無心になろう

試合の非常に緊迫した場面、たとえば、相手チームが24対22とセットポイントを握った状態にあるとしよう。この状況の中で、あなたのチームはサーブレシーブからの攻撃を成功させて24対23と1点差に詰め寄り、あなたにサーブの順番がまわってきた。当然ここで良いサーブを打って相手のレシーブを崩すことがチームの勝利の可能性につながる訳であるから、あなたにかかる心理的プレッシャーも大きいはずである。ひょっとしたら「自分が良いサーブを打たないとチームの負けにつながってしまう」「ミスしてこれで終わったらどうしよう」と否定的なことを考えるかもしれない。しかし、こんな時に必要なことは、「失敗したって命まで取られるわけではない。それよりも決まることのみを信じて思いっきりサーブしよう」というように消極的な気持ちを切り替えることである。すなわち、「開き直る」ことである。これは、「今置かれている最悪の状態を受け入れる決断を自らが下し、自己の目標にベストを尽くすこと」（市村、１９９３）[20]であるから、〝やけっぱち〟、〝なげやりになる〟という、結果は何でも構わないといった自暴自棄的な気持ちとは根本的に異なる。また、『インナーゲーム』（ガルウエイ著、１９７６）の訳者で知られる後藤新弥氏（日刊スポーツ、１９９２、4月9日）は、「開き直りはヤケとは違う。全身全霊を勝利に向けるという意志は強烈だ。しかし、細かな作戦や『この癖を出さないように』といったあれやこれやの『思考』は自ら排除した状態だ」と開き直りを説明している。さらに、「ス

ポーツの『本番』では思考とか理性、感情といった『人間』の部分（?）がわきにどいて身を隠し、『本能のままに自分の全能力を出し切らせる』動物状態（!）が、本人さえ予想できない能力を発揮させる時なのだろう」と開き直りがある意味では、無我の境地、無心に通ずる心理状態であるとも述べている。そういえば、前柔道ナショナルチーム監督山下泰裕氏は、ロサンゼルスオリンピック柔道無差別級で右足を痛めながらも金メダルをとった時のことを、「無心で戦ったことなどそれまで一度もなかった。勝とう、勝てると思って戦ってきた。あの一戦だけは本当に無心になった。気がついたら相手を押さえ込んでいた」と開き直ったことを述懐していた。「勝とう、勝てる」と思って戦っていたこと自体心理的技術の高さを感じさせるが、「窮鼠猫を噛む」状態を作り出せたことが金メダルにつながったのであろう。我々も「失敗したらどうしよう」などと考える替わりに、「コーナーをねらって弾丸サーブを打ち込んでやる」くらいの積極的な気持ちに切り替えそれに集中して、その他余分な考えを止めることができたらプレッシャーに首を絞められる替わりに、晴々とした気持ちに後押しされたサーブができるはずである。

(イ)　否定的思考の停止：もう自分を悪く考えることはよそう

一般的に、我々日本人はよほどの自信家でない限り、自分のことを良くいうことよりも悪く否定的に考えることの方が多いと思われる。このことはミスをしたり、競っていたり、焦っている時などに特にそうであり、結構自分やプレーの結果を悪く考えたり、独り言でも自分を否定的にいうケースが多いものであろう。たとえば、ミスした後に「何をやっているのだ、オレは」「今日はダメだ」「次もうまくいかないかもしれない……」というように自分や事態を否定的に考えがちである。こうなると、ただでさえ状況は良くないのにさらに事態を悪化させることになってしまう。

　また、前の試合での負けやうまくいかなかった忌まわしい記憶などをいつまでも思い出してくよくよ考えたり、最悪のケース、今やっている試合の中で以前の失敗を思い出して否定的な考えに輪をかけるなどということが無いともいえない。くよくよ考えることによって、過去の失敗のダメージが大きくなることはあってもそれが修復されるなんてことはあまり期待できない。それならば失敗を忘れてしまえば良いだろうと思うかもしれないがこれもそんなに容易なことではない。我々が様々なイヤなことを忘れよう、忘れようとした時のことを考えてみれば、忘れることがそんなに簡単ではなく時間を要することがよく分かると思う。失敗を忘れよう忘れようと努力すること自体が失敗を意識することにつながり、さらに、忘れようとしているのになかなか忘れられないことに対してプレッシャーを感じてかえって煩わされてしまうことにもなりかねない。

　このようにネガティブな思考が頭をもたげそうになったら、考えることそのものを止めることが一番である。「ストップ」という言葉を口に出したり、赤信号を思い浮かべることをきっかけにすると良い。これなら試合中でも時間をとらない。そして、「さあ来い」「次はやってやるぞ」といった積極的な部分に意識を切り替えることが重要である。

筆者がかつてバレーボール女子実業団選手をサポートした際に驚かされたのは、選手の自身への考えのほとんどがネガティブなものであったことである。そこでこの思考停止のスキルを指導したところ、その効果はてきめんで選手の多くが、「結構有効に機能して気が楽になった！」とこのスキルが機能したことを報告してくれた。考えることを止めるという一見単純なことだが、試す価値はありそうだ。

(ウ)　積極的・肯定的思考、独り言の使用：少なくとも自分自身くらいは自分を誉めてあげよう

最近、ポジティブシンキング（積極的・暫定的思考）という言葉を巷でもよく耳にする。そしてこのことを説明するために、ボトル半分のワインについて「もう半分しかない」と見るか、「まだ半分もある」と見るかということが良く引き合いに出される。すなわち、ある事態（ボトル半分のワイン）に対しては、消極的・否定的側面（もう半分しかない→心配になる）からも考えることができるし、積極的・肯定的側面（まだ半分もある→安心、慌てない）からも考えることができるのである。どうせ考えるなら積極的・肯定的側面から考えた方がストレスへの対処という意味では優れているのである。たとえば、バレーボールでスパイクをミスした後などには、原因をあれこれ云々するよりも「わずかにアウトだったけど体重がのって良いスパイクだった」「次は大丈夫だ」というように良かった面から考え、それを口にしてみる。そうすることにより次の機会のさらなる挑戦への動機づけが持続し高まる。良いプレーの後にはなおのこと、「良いぞ、これで良いのだ」「良いコースだった」「今日はいけるぞ」と自分自身を積極的に肯定しよう。

テニス選手の試合中の独り言を観察した研究（ヴァレラルテ他、1994）[21]によると、勝者と比べると敗者は、否定的な独り言が明らかに多く、なおかつ否定的独り言の後で失点する傾向が高かった、と報告している。明らかに消極的に考えたり独り言をいうことはパフォーマンスにとっても良い影響を及ぼさないのである。

前述したように、筆者もバルセロナオリンピックの後、出場したバレーボール選手にインタビューする機会があったが、「自分だったらできる！」「自分ができなかったら誰もできない！」「打てば決まる！」と、常に肯定的に考えて自分にいい聞かせてオリンピックのプレッシャーの中で戦っていた姿が明らかになった。少なくとも自分自身くらいは自分を誉めたり、良く思ってほしいものである。ミスした後など、思ったほど他の人は好意的・補佐的に考えてはくれない現実がある。

(エ) キューワードを用いる：自分にとってリラックスにつながるような言葉を持とう

スポーツの場面で窮地といったら、ミスした後、試合の競った場面等の心理的に焦って追いつめられた時になるが、普段から自分にとって安心感につながる言葉を持っていると、それを口にすることによって焦っている気持ちにブレーキをかけ過度の緊張を緩めることにつながり、場面を必要以上に意識することなくプレーできるかもしれない。これまでもリラクセーションに役立つ様々な方法を紹介してきたが、その中でも心の中で唱えるいくつかの言葉が出てきたと思う。そのような言葉も、唱えながらのリラクセーショントレーニングによりリラックスできるようになると、今度はその言葉を思い浮かべたり、口にするだけで条件反射的にリラックス状態を作ることができるようになる。すなわち、自分にとってリラックスの手がかりやヒント・きっかけとなるような言葉を発することがキューワード法なのである。「リラ～ックス」「勇気」「№1」「楽～に」等、自分の好きな言葉でかまわない。焦っている時には、自分のキューワードに意識を集中し、目を閉じて吐く息に合わせて静かに、たとえば「リラックス」と繰り返しつぶやいてみる。試合前でも試合中でもいつでも良い。あくまでもその言葉を信じ、余分なことを考えずにその言葉に注意を向け続けてみる。サーブ時に、ボールを数回床に弾ませながら「サーブポイント」と一言つぶやき、自分が落ち着いてサーブする姿を思い浮かべる等も、「ルーティンの活用」と相まってリラックスに効果がある。

これまで、縁起をかついだり、積極的な独り言をいったり、キューワードを用いたりと、ちょっとした工夫によりリラックスに役立つと思われる方法について考えてきた。これらの方法はある意味では一種の暗示効果を狙ったものともいえる。赤ん坊がお気に入りの毛布や布にくるまると安心して眠ることができることから、暗示効果を持つ特定の小物を「セーフティー・ブランケット」と呼んでいる（『コーチングクリニック』8巻2号、1994）。前述の様々な手法もセーフティー・ブランケットとしての役割が期待されるもので、このような暗示の持つプラスの効果を利用して安定的に実力を発揮できることも、心理的に強い選手になるためには重要なポイントといえよう。

4 アメリカの実践に学ぶリラクセーションテクニック

これまで、注意深く開発されたリラクセーションの手法と共に、実際の競技場面で何ができるかといった観点からの対処法を説明してきた。

リラクセーショントレーニングの最後に、アメリカにおいてどのように考えられているかをワインバーグとグールド（１９９９）[22]を参照しながら、現場で役立つリラクセーション手法のヒントとしてまとめてみた。これらは、科学的に裏打ちされたというよりは、多くの選手の経験知に基づいているものである。経験的なものとはいっても、その分我々には身近な手法ということができ参考になるものと思われる。また、これまで筆者が述べてきたことと重複する部分もあるが、それはリラックスの手法が洋の東西を問わないということを物語っている。

① 緊張しているなあと感じたらまずスマイル

緊張に直面した時の最も単純で効果的な対応は、笑顔を作ること。これは以前にも触れたが、笑いながら怒ることはできない。

② 楽しむ、状況をエンジョイする

スポーツにおいて一流選手は、よく競技を楽しんだとか、エンジョイしたということをコメントしている。たとえプレッシャーのかかるような状況でさえ、彼らは楽しみにしているようにさえ見える。こういった気持ちがプレッシャーをプラスのエネルギーへと変換する原動力なのである。

そういえば、以前ニューヨーク・メッツでプレーし、周囲の期待以上に（?）活躍した新庄選手も、シーズンを終え帰国後のインタビューで「毎日がすごく楽しかった!!」（『山梨日々新聞』２００１年10月12日）とコメントしていた。また、年少の選手にとっては、結果の如何にかかわらず競技が楽しめたということは少なからずバーンアウトを防ぐことに役立つ。

③　練習時にストレス場面を設定する

実際にプレッシャーのかかった場面を想定して練習時にシミュレーションすることも、プレッシャーのかかった状況下でのプレーに慣れることからは有効である。アメリカのある大学のバスケットボールのコーチは、練習時に人を集めて敵陣での試合を想定して叫び声やブーイングといった騒音をたてさせ、その中で選手がどう感じ、どうプレーしたかを確認することを行っているようである。

④　自分の時間をとって、ゆっくりと

先にも触れたが、我々がフラストレーションを感じたり頭にきた時の行動は普段よりも性急になっている。緊張から早く逃れたいがために、たとえば焦ってサーブしてその結果ミスするといった場面を目にすることは珍しくないかもしれない。そんな時こそプリ・サーブ・ルーティーン等を有効活用することである。

⑤　現在・今に焦点を置く
起こってしまったことやこれから起こるであろうことを考えることは不安を増加させる。
⑥　準備した良いゲームプランを思い浮かべる
この場合にはどうすれば良いんだろうといったハッキリとしていないことは不安を生む。特定のゲームプランや方略を準備しておくと意志決定が容易で、何かを決定しなければならないといったストレスを感じなくて済む。

4　集中力を考える

1　集中力とは

我々は試合の出来映えを評価する時に、「今日は最後まで集中していて良かった」とか「集中力に欠けプレーが雑になった」というように「集中力」「集中」という言葉を口にすることが多い。日本オリンピック委員会がソウル五輪強化指定選手を対象に実施した調査によると、成績を向上させるために必要な精神面のトレーニングとして90％以上の選手が「集中力」を挙げその重要性を強調していたし、長野五輪代表選手に行った調査でも、63・4％の選手がメンタルトレーニングを実施しており、その内容として集中力トレーニングが含まれていた。

　このように、従来から集中力はプレーの遂行に欠くことのできない重要な心理的能力の一つとして考えられ、その意味も一般的にいえば「注意もしくは意識をあることに集中して、それを持続する能力」と捉えることができる。しかし、面白いことに我々にはかなり身近な「集中力」という言葉ではあるが、本来は心理学的な用語ではなく心理学事典には載っていない。また、広辞苑でも「集中」はあっても「集中力」という言葉は掲載されていないし、「集中」も普段我々が用いている意味からは「集注」の方がむしろしっくりするくらいなのである。このようなことを考えると、「集中力」「集中」という考え方は多分にスポーツ場面に特異的に適用されているといえるかもしれない。

　さて、一言で「集中する」といっても、集中の仕方は常に同じではない。まず第一に、いろいろなプレー場面のそれぞれにおいて必要とされる集中力は、若干スタイルが異なるといわれ

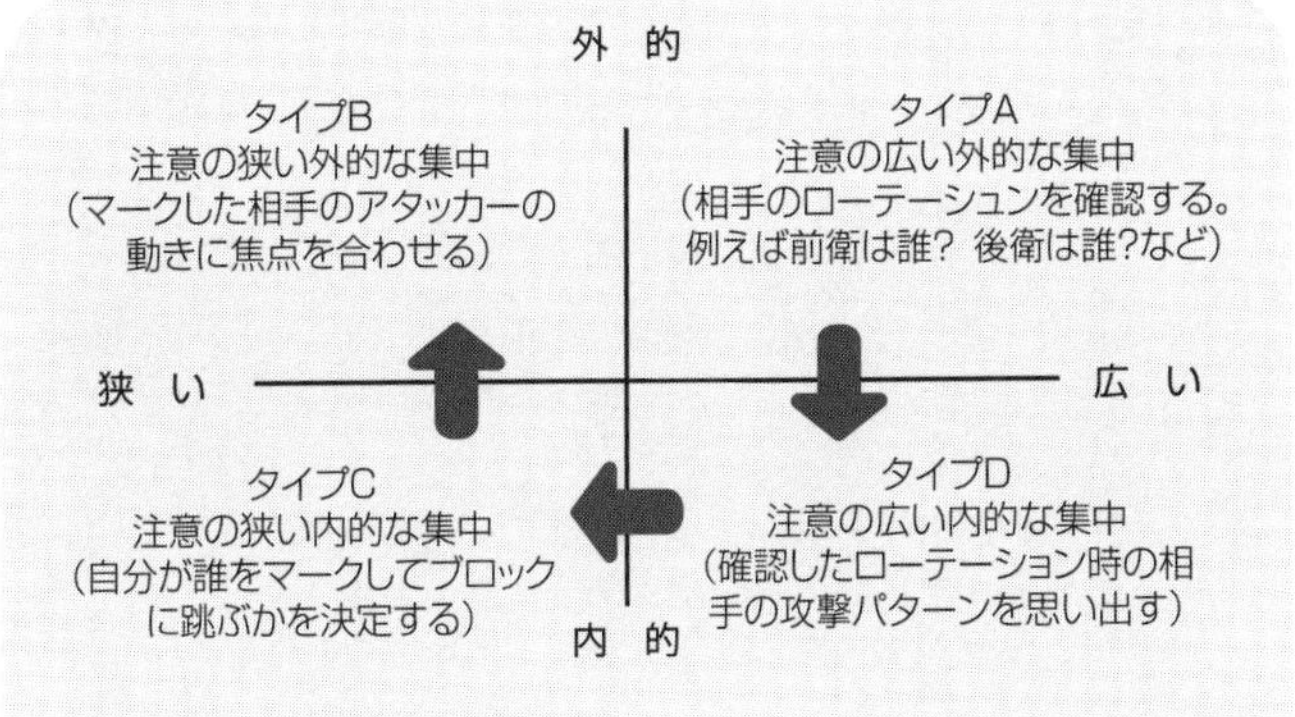

図7　注意集中のスタイル（ナイディファー，1977）[23]

ている。集中力に関してナイディファー（１９７７）[23]は注意集中のスタイルを、注意の焦点をどの範囲に絞るかという「広さ」と、注意の焦点を自己の内部（思考や感情等）、もしくは、外部環境（対戦相手、ボール等）のどちらに向けるのかという「方向」の２次元から考え分類している。図７はその分類を図示したものである。

たとえば、バレーボールに例を取って考えてみよう。まず、自分たちがサービスサイドであなたはブロッカーとして相手の攻撃に備えているとしよう。この時あなたは相手の攻撃パターンを思い出し、さらにアタッカーが誰なのかを確認することと思う。この場合の注意集中の仕方は広く、さらに内的な方向（タイプＤ）から外的な方向（タイプＡ）へと焦点を切り替えているのである。さらに相手がサーブレシーブから攻撃を仕掛けてくる時には、レシーバー→レシーブボール→セッター→トスボール→アタッカーという順番で注意集中を移動させている。この場合は外的で狭い注意集中（タイプＢ）をしている。そして、実際にブロックに跳んだがブロックアウトされてしまったとしよう。あなたは「もう少し左手を前に出せば良かった」というように自分のプレーに関して反省するかもしれない。この場合は内的で狭い焦点（タイプＣ）ということになる。

したがって、必要な刺激に選択的に注意を向け、そして、必要に応じて注意集中の仕方を柔軟に切り替える能力が集中力には重要ということができる。

さらに、第二点として、集中力は練習中もしくは試合中の一定の間当然必要とされる訳であるが、これはその間中ずっと注意を集中し続けているのではない。たとえば、試合時間が1時間だったとしよう。しかし、たとえ1時間といってもその間ずっと注意を高度に集中し続けることは不可能で、仮にそうしようとしても途中で精神的に疲れてしまうのがオチであろう。したがって、必要な時に必要な強さの注意を向ける。すなわち、プレーの合間合間に適当な休みを入れ、リラックスを挟みながら、ここぞという時に注意を集中させることが、集中力が持続できたということにつながるのである。ここでもリラックスすることが重要であり、これまで身につけてきたリラックスするための様々な事柄が役立つ。

バレーボールでは、サーブインからボールデッドまでのインプレーの時間はおおよそ7～8秒だろう。長くても15秒前後で20秒を超す場合は希と思われる。したがって、前例のブロッカーが相手の攻撃に備えている時のようなインプレーへの準備段階での集中状態の時間を加えても、ワンプレーで15～20秒間高度に注意を集中し続ければ良いということになる。そして、ボールデッド間、タイムアウト間、セット間は適当に少し集中を緩めるということになる。

この注意の集中と弛緩のバランスをとりながらこれを繰り返すことが集中力の持続には大切なポイントになる。「後半集中力に欠けプレーが荒くなってしまった……」などと反省する選手は、注意の集中とリラックスのバランスをうまくとることができなかった者であり、精神的に疲れ果ててしまった結果がプレーに反映したのである。

2 集中力が高まる感覚とは?

我々は調子が良く、いいプレーができたと感じる時は大抵高度に集中できている時である。チクセントミハイ（１９９６）[24]は、このように高度に集中した時の心理状態を「フロー」状態（流れにのっている）と表現し、次のようにその特徴を説明している。

① 時間が遅く感じられる

全てがスローモーションで進んでいるように感じて、状況判断のための時間が十分である。

② 自分の動きがいつも以上に思い通りになるような気がする

どのスパイクも相手コートの空いているところに打つことができる。ブロッカーの動きもよく見え、自分でプレーを完全にコントロールすることができる。

③ 自分が他人にどう見えるか気にならなくなる

フロー状態の選手は、人が自分のプレーをどう思うか気にしないし、良いプレーをしようとも考えない。無我の境地でひたすらプレーすることのみに注意を傾ける。

④ プレーがほとんど自動的になってくる

難しいプレーでも苦もなくやってのけているように見える。自分としても特に何も考えなくても自然と身体が自動操縦されているように動く。

我々も、もしこのような特徴のいくつかを体験しているとしたならば、それは非常に良く集中できていることを示すのである。

3 集中力をトレーニングする

(1) 基礎的集中力トレーニング法としての凝視法

何かの対象（ボールやパターン）を注視することにより注意の持続力を高めることをねらった凝視法について考えてみる。

① ボールとともに

これはタッコとトッシー（１９７８）[25]というアメリカの心理学者たちが提唱した基本的な集中力トレーニング法であり、簡単にいえば、短時間にひとつの事柄に集中することを練習するものである。注意の焦点を合わせる対象物は、始めは身近で具体的なものの方が都合が良いと思われる。タッコとトッシーは表題のように「ボール」を一例として取り上げているが、これはそのスポーツにおいて身近なものの方が練習に取り組みやすく、その分注意を集中しやすいと考えられるからである。したがって、ボールを用いない種目においてはボールに代わるべき身近な対象物を用いて実習すれば良いということになるが、もちろんバレーボールでは、集中の対象を「ボール」に代表させることは問題のないところであろう。

まず、できるだけ楽にイスに座る。そして、ボールを机の上でも手に持っても良いので自分の目の前に置こう。次に、腹式呼吸法や筋弛緩法等、これまで紹介してきた方法のいずれかを用いてリラックスする。ある程度リラックスできたと感じたらいよいよ注意集中の練習に入ろう。以下に手順と要領を示すが、だいたい10分程度でできると思う。

(ア) 集中の言葉をいう

目を開けボールを見つめ、自分に「ボール」と繰り返しつぶやく。これにより心がさまようのを防ぐ。

(イ) 集中する対象物（ボール）を吟味する

ボールを隅から隅までよく観察する。外形や表面がどうなっているか調べる。ザラザラしている？ スベスベしている？ 縫い目は？ 何が印刷してある？ 傷は？ などを吟味する。この時に、まばたきをしないくらいにジーッと見つめる。ただし、気持ちはリラックスしたままで。

(ウ) 対象物（ボール）の感触を確かめる

手にボールを取ってみる。肌触りやいろいろな角度からボールを調べる。

(エ) 対象物（ボール）をイメージする

ボールを置いて心と目の焦点をボールに合わせる。ボールの隅から隅まではっきりと心に思い浮かべることができるまでボールを充分に見つめる。ボールを知り、ボールと一緒になるつもりでやってみる。リラックスしてただありのままに見つめていれば、ボールの方から〝こちらにやってくる〟ように感じることができる。

(オ) フィーリングをつかむ

しばらく集中していると、そのうちに集中できなくなる時がくる。この時に、「そうだ、自分は今までボールに集中しきっていたんだ。これが集中するという感じなんだ」と自分にいい聞かせる。そして、改めてボールを見直してみる。

(カ) もう一度「集中の言葉」をいってみる

「ボール」と再び自分につぶやき、ボールを見て集中する。

(キ) リラックスする

目を閉じ、腹式呼吸を10回以上行う。

以上でこのトレーニングの手順は終わりであるが、少なくとも1週間以上は続けてほしい。始めは心がボールに留まらず、無関係な思考や外界からの雑音等に気を奪われボールに集中できないかもしれない。しかし、練習を積むにしたがって、少しずつ前よりも長く集中できるようになるはずである。そして、最終的にはボールが無くても「ボール」という言葉をきっかけにして注意の焦点をピッタリと合わせることができるようになると思う。

このトレーニングにより、注意集中のタイプでいえば最も集中度が高く狭い外的なタイプの集中力を養うことができるのである。

② パターンを見る

このトレーニングは外部の模様パターンを心の目に移すことにより精神集中と心像視を得ることを目指したものである。ここではオストランダー他（1981）[26]の方法を参照する。

まず、40×40㎝の黒地の正方形の中央に5×5㎝の白い正方形があり、図の右側が空白になっている図8のようなパターンを用意する。図8のようなパターンであれば大きさは必ずしもこだわらなくても良い。この図を淡い色の壁に、イスに座った時に中央がちょうど目の高さになるように張り付ける。そして、パターンから1ｍくらい離れてイスに座る。図が小さな場合には机の上に置いて、真上から見下ろすようにしても構わない。リラックス法を用いて十分にリラックスできたら以下の手順でトレーニングを進めてみよう。

(ア) 目を閉じて、2分間心の中に黒いスクリーンを想像する。途中心を乱すような他のイメージが浮かび上がってきても、それらを打ち消して再び黒いスクリーンを想像してみる。

(イ) 静かに目を開け、3分間パターンの中心にある白い正方形を見つめる。できるだけまばたきをしないようにして凝視しよう。ただし、一生懸命にやりすぎてかえって緊張しないように注意する必要がある。そのうちに白い正方形の周りに色彩を帯びたふちが現れるはずである。

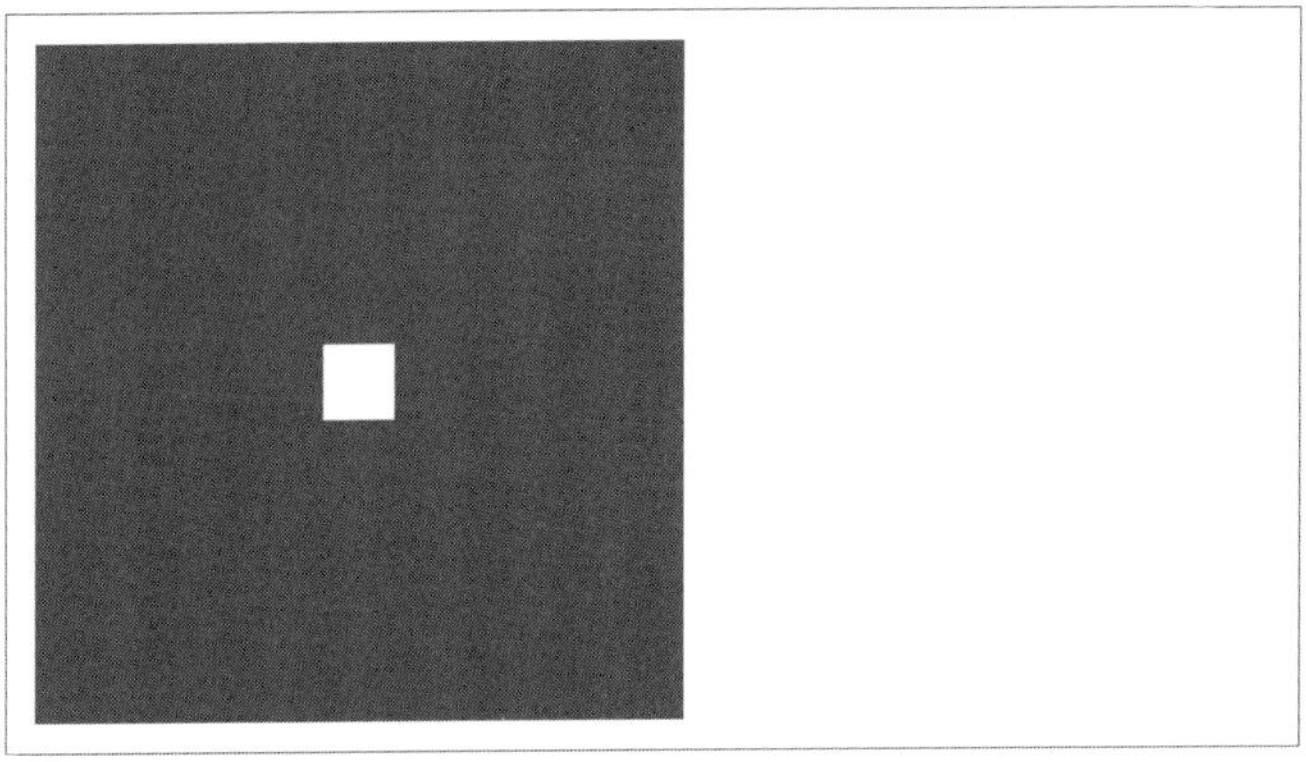

図8　凝視法に用いるパターン

(ウ) 色彩が現れたら、パターンから視線をずらし右側の空白を見つめる。今度は残像として黒い正方形が見えるはずなので、この残像をできるだけ長く見つめる。残像が薄くなってきても、まだそこにあるものと想像しながら見つめる。

(エ) 残像が完全に消えたら、目を閉じ、心の中の黒いスクリーンに正方形を描いてみる。黒いスクリーン上にできるだけ安定した像が見えるように頑張ってみよう。

(オ) もう一度全過程（(ア)～(エ)）を繰り返す。

トレーニングとしては以上が全過程でそれほど難しいものではないと思うが、1回の時間が長すぎるとかえって注意集中が削がれてしまうので1回15分程度に留め1週間は継続してみよう。

また、この注意集中練習に慣れてくると、屋外や室内で自分の影を利用することでも練習することができるようになる。まず、自分の影のできている方向に向かって立つか座るかして、2～3分間首の部分を見つめる。そして淡い色の壁や青空に残像を映し出し、それが消えたら手順(エ)の様に目を閉じ、心のスクリーンにその像を映し出す、というほぼ前記と同様なやり方になる。

さらに、(ウ)や(エ)の段階で残像の黒い正方形を心のスクリーンの中で大きくしたり小さくしたり、と像の大きさをコントロールする練習を加えても有効である。これに慣れてくると、自分の身近なものを利用することもできるようになる。

先に「ボールを見る」トレーニングを説明したが、これと組み合わせて、たとえばバレーボールを注視した後、目を閉じ、それを心のスクリーンの中でソフトバレーボールの大きさにしたり、元の大きさに戻したり、と大きさをイメージの中で変化させるのである。さらに、サーブレシーブが苦手な人は、ボールを大きくイメージしたところでそのボールをサーブレシーブしてしっかりとセッターに返球するところまでイメージしてみる。ボールが大きい方が中心を捉えやすいのでサーブレシーブの自信にもつながるはずである。そういえば、バッティングの調子の良い野球選手はボールが大きく見えるとか、調子の良いアーチェリー選手は的が普段よりも大きいように感じる……といった話も良く耳にするところである。

この様な基本的な注意集中のトレーニング法を続け、残像の大小等をコントロールできるまでになったら、自分に身近な用具を用いての残像の大きさのコントロール練習に速やかに移行していくことが大切である。それは、その方がより実際的な練習になるからである。

⑵　基礎的集中力トレーニング法としての作業法

自分の意図することに注意を持続的に集中する能力を高めることを目的とした作業法と呼ばれる方法[27]がある。クレペリン検査のように一定の時間内（たとえば、１セクションの所用時間を１分として次々と次段に移っていく）に数字を加算し１の位の数字だけを記入する作業を繰り返すという加算作業（資

資料2　数字の加算作業に用いる用紙

➡3 8 6 9 5 4 8 5 6 4 9 7 3 8 4
1 4 5 4
3 7 8 6 3 8 4 7 6 9 7 3 5 6 8
4 5 6 8 7 6 9 3 4 7 8 4 6 7 9
5 4 7 9 3 7 5 6 4 9 8 3 5 8 7
3 9 7 4 6 5 8 3 6 7 9 5 6 3 8
7 6 3 8 5 9 3 7 8 4 5 8 9 6 4
3 9 6 5 4 9 7 4 3 7 8 5 6 8 3
9 6 7 3 4 7 9 5 4 8 5 3 8 7 4
7 8 4 3 8 5 7 4 6 8 7 9 5 4 8
7 8 6 5 7 3 4 7 9 3 5 8 7 6 5
9 6 8 5 7 6 8 9 4 6 5 8 6 9 5
6 3 8 5 7 6 3 9 8 5 3 7 5 9 7
9 8 5 4 7 6 3 9 6 8 5 6 3 8 7
8 5 7 9 6 7 9 8 5 3 8 4 7 8 6
5 4 7 8 6 4 3 5 8 6 7 8 3 4 9
8 4 7 6 5 3 6 7 9 3 5 8 9 5 6
8 7 5 4 8 7 9 6 4 5 8 7 5 6 3
5 9 3 8 4 5 8 4 7 6 8 9 3 5 6

➡7 8 6 5 7 3 4 7 9 3 5 8 7 6 5
5 4 1 2
9 6 8 5 7 6 8 9 4 6 5 8 6 9 5
6 3 8 5 7 6 3 9 8 5 3 7 5 9 7
9 8 5 4 7 6 3 9 6 8 5 6 3 8 7
8 5 7 9 6 7 9 8 5 3 8 4 7 8 6
5 4 7 8 6 4 3 5 8 6 7 8 3 4 9
8 4 7 6 5 3 6 7 9 3 5 8 9 5 6
8 7 5 4 8 7 9 6 4 5 8 7 5 6 3
5 9 3 8 4 5 8 4 7 6 8 9 3 5 6
3 8 6 9 5 4 8 5 6 4 9 7 3 8 4
3 7 8 6 3 8 4 7 6 9 7 3 5 6 8
4 5 6 8 7 6 9 3 4 7 8 4 6 7 9
5 4 7 9 3 7 5 6 4 9 8 3 5 8 7
3 9 7 4 6 5 8 3 6 7 9 5 6 3 8
7 6 3 8 5 9 3 7 8 4 5 8 9 6 4
3 9 6 5 4 9 7 4 3 7 8 5 6 8 3
9 6 7 3 4 7 9 5 4 8 5 3 8 7 4
7 8 4 3 8 5 7 4 6 8 7 9 5 4 8

➡8 5 7 9 6 7 9 8 5 3 8 4 7 8 6
3 2 6 5
5 4 7 8 6 4 3 5 8 6 7 8 3 4 9
8 4 7 6 5 3 6 7 9 3 5 8 9 5 6
8 7 5 4 8 7 9 6 4 5 8 7 5 6 3
5 9 3 8 4 5 8 4 7 6 8 9 3 5 6
3 9 6 5 4 9 7 4 3 7 8 5 6 8 3
9 6 7 3 4 7 9 5 4 8 5 3 8 7 4
7 8 4 3 8 5 7 4 6 8 7 9 5 4 8
7 8 6 5 7 3 4 7 9 3 5 8 7 6 5
9 6 8 5 7 6 8 9 4 6 5 8 6 9 5
6 3 8 5 7 6 3 9 8 5 3 7 5 9 7
9 8 5 4 7 6 3 9 6 8 5 6 3 8 7
3 8 6 9 5 4 8 5 6 4 9 7 3 8 4
3 7 8 6 3 8 4 7 6 9 7 3 5 6 8
4 5 6 8 7 6 9 3 4 7 8 4 6 7 9
5 4 7 9 3 7 5 6 4 9 8 3 5 8 7
3 9 7 4 6 5 8 3 6 7 9 5 6 3 8
7 6 3 8 5 9 3 7 8 4 5 8 9 6 4

➡4 5 6 8 7 6 9 3 4 7 8 4 6 7 9
9 1 4 5
5 4 7 9 3 7 5 6 4 9 8 3 5 8 7
3 9 7 4 6 5 8 3 6 7 9 5 6 3 8
7 6 3 8 5 9 3 7 8 4 5 8 9 6 4
3 9 6 5 4 9 7 4 3 7 8 5 6 8 3
9 6 7 3 4 7 9 5 4 8 5 3 8 7 4
7 8 4 3 8 5 7 4 6 8 7 9 5 4 8
7 8 6 5 7 3 4 7 9 3 5 8 7 6 5
9 6 8 5 7 6 8 9 4 6 5 8 6 9 5
6 3 8 5 7 6 3 9 8 5 3 7 5 9 7
9 8 5 4 7 6 3 9 6 8 5 6 3 8 7
8 5 7 9 6 7 9 8 5 3 8 4 7 8 6
5 4 7 8 6 4 3 5 8 6 7 8 3 4 9
8 4 7 6 5 3 6 7 9 3 5 8 9 5 6
8 7 5 4 8 7 9 6 4 5 8 7 5 6 3
5 9 3 8 4 5 8 4 7 6 8 9 3 5 6
3 8 6 9 5 4 8 5 6 4 9 7 3 8 4
3 7 8 6 3 8 4 7 6 9 7 3 5 6 8

資料3　グリッドエクササイズ（数字の拾い出し作業）に用いる用紙

数字探し

No. 1

68	34	77	54	61	57	67	56	62	14
24	60	81	89	15	74	95	86	80	46
50	97	35	07	00	87	48	90	13	75
78	01	08	42	51	16	79	92	30	45
33	76	17	53	09	22	43	52	98	58
23	59	28	65	32	21	66	02	84	31
70	88	94	41	03	36	83	85	37	64
49	38	20	99	10	93	71	18	27	44
69	05	82	39	06	96	19	47	29	91
12	25	40	72	11	26	73	55	63	04

No. 2

16	07	82	69	22	49	99	10	21	85
79	42	23	65	08	92	78	48	71	81
24	74	31	40	27	39	98	04	17	54
43	15	47	30	58	03	29	84	00	72
59	53	93	09	14	96	38	67	34	86
25	95	28	56	26	41	60	13	62	02
36	05	52	66	46	50	18	35	19	77
63	83	89	37	73	87	91	06	55	97
75	32	01	45	94	64	68	88	11	61
44	80	57	51	70	12	33	76	90	20

料2参照）を行ったり、グリッドエクササイズと呼ばれる、00から始まる１００個の二桁の数字の中（資料3参照）から指定された数字を拾い出したり、限られた時間内で00、01、02……というように順番に数字を拾い出したりする作業等がそうである。ここでは、自身の内（数字の加算計算）と外（用紙に１の位のみを記入）に注意を切り替えることや、注意の幅を広くしたり（１００個の数字から目的の数字を探すために眺める）、狭くしたり（探し出した目的の数字を抽出する）といった自分の意図する部分に注意の幅や方向を切り替えながら持続的に集中する能力がトレーニングされる。

4 技術練習中に集中力を高める

ここでは練習において集中力を高めるためのトレーニングの場をいかに設定するかということについて考えてみよう。

① 妨害条件下でのプレー

試合場面においては練習場面とは異なり、多かれ少なかれ観客等の周囲からのヤジや声援、歓声等の中でプレーしなければならない。そして、このような状況に慣れていないと肝心の試合においても集中できずに、自分が今何をやっているのか、次に何をやったらいいのか等もわからなくなり、あがりの原因ともなってしまう。したがって、日頃の練習時からそういった妨害要因に対する抵抗力を強化しておくことが重要である。そのための一つの方策として、あらかじめ試合中の音を録音しておき、それを実際と同じくらいのボリュームで流しながら練習する方法、もしくは、プレー中に周囲から雑音をたてたり奇声を上げたりすること等が考えられる。最初は選手たちもその音に戸惑い、プレーそのものに集中できずにミスが多発するかもしれないが、慣れるにしたがいプレーに集中できるようになる。

この練習法は、実際の試合への臨場感を高めることができる有効な方法の一つといえる。近年では卓球の日本代表チームが２００５年世界選手権に向けて、１９８６年ソウルアジア大会時に録音した試合中の大歓声を大音量で流しながら練習した（『読売新聞』２００５年4月16日）。その目的は熱狂的な応援で知られる中国の観客の前でも集中力を保つためだという。

このような練習法が有効な根拠は、記憶というものは「状態依存的」であるので何かを憶える場合には気分やその場の雰囲気も含めて記憶されることにある。すなわち、雑音等のない状況下で練習していれば、そのような静かな状況下では練習した技術が発揮できるが、雑音等があると注意の集中が阻害され技術の発揮が困難になることが考えられるのである。したがって、日頃の練習時からそういった妨害要因に対する抵抗力を強化しておくことが重要なことはいうまでもない。卓球日本代表チームの実践はまさしくこのことを意図した練習であることが理解できるであろう。抵抗力のない選手の中にはあまりの騒音に「もう止めて」と訴える者もいたようだが、中国での試合経験の豊富な福原愛選手は「気にならないし、普通です」と大物ぶりを発揮していたのはさすがである。

② 情報を制限した中でのプレー

我々は練習や試合において、ボールの動き、敵・味方両方の選手の動き、等の様々な情報から相手の次のプレーを予測し、自分たちの次のプレーを決定している。この時、もし入手できる情報が限られてしまったとしたらどうであろう？　相手のプレーも予測しにくくなるし、予測するためには利用できる限られた情報にできるだけ注意を集中する必要が出てくる。したがって、こういった練習状況を設定すれば集中力のトレーニングになる。

たとえば、ネット全面を布などで覆った状態で乱打形式の練習を行うことなどが考えられる。この練習では、覆われたネットの上下に見える相手の足、手、ボールのみが入手できる情報である。したがって、それらの断片的な動きに注意を集中することが必要であり、それにより相手の攻撃を予測し対応するということになる。

女子バレーボールで世界的に無敵を誇って一時代を築いたキューバチーム。このチームを長らく指導しているエルヘニオ・ヘオルヘ氏から以前練習方法等について話を聞く機会があったが、キューバではコート上での集中力トレーニングとして、この種の方法を積極的に取り入れているということであった。やはり、世界のトップレベルで伍していくためには様々な工夫を練習に施しているものだと感心させられた。

③ いろいろな条件を課した中でのプレー

様々な競技において、「○○点過ぎからが勝負だ」とか、「○○分過ぎからが勝負だ」、さらには「○○㎞過ぎてからが勝負だ」というように試合運びにおいて勝負所といわれる部分が必ず存在する。この勝負所を過ぎてからもいかに集中力を持続していくかが、勝敗を分ける重要な要素となっている。たとえば、バレーボールの試合においての勝負所はどこかというと、筆者は現在のラリーポイントシステムにおいては18～20点を過ぎてからだと思っている。ここからのワンプレー、ワンプレーの成否が大きく勝敗を左右し、ちょっとした気の緩みからのミスや消極性は命取りになりかねない。そこで、こういった場面を普段の練習時から多く経験しておくことが試合時での注意の集中に役立つ。例を挙げると、ゲーム形式の練習で、Aチーム対Bチームの得点を18対20に設定する。この場合はAチームのトレーニングになるが、両チームの得点差は実力差を考慮して設定すれば良い。また、得点を20対20に設定してゲームを行うと注意の持続力のトレーニングにもなる。この時に両チームに実力差があればBチームのフォワードの人数を増やすといったハンディキャップをつけると良い。

また、技術練習においては、あらかじめ決められた目標回数をクリアーすれば次と交代する、といった形式で進行することが多いかと思われる。この際に設定される目標回数はその練習で何をねらいとするかによって異なるとは思うが、「目標回数を低く設定し、そのかわり全試技に正確なプレーを要求する」と集中力のトレーニングになる。たとえば、バレーボールのサーブレシーブでいえば、レシーブの良否に関わらず1～3本の試技で交代する。もちろん全て良いレシーブをするように全力を尽くさせることはいうまでもない。試技回数を多くしたかったらセット数を増やせば良い。実際の試合でのサーブレシーブは、毎回1本限りでやり直しが効かないわけである、その意味では試技数を少なくして集中させて練習する方がより実践的といえる。

④　スカウティングを生かしたプレー

我々は試合に備えて、試合時間、体育館の状況、相手チーム・選手の特徴等必要と思われる様々な情報を集めているはずである。こういった情報も試合に対する不必要な不安や緊張を取り除くことにつながり、集中力の発揮に役立つ。たとえば、体育館に不慣れだと試合当日に余分な方向に注意が奪われてしまい、時としてプレーに集中できないケースもあるので、あらかじめ予備知識を得ておくことは重要なことなのである。

また、相手チームの攻撃パターンとか選手の特徴に関する情報は作戦にも関与するが、試合時に、どこに、もしくは、誰に主に注意を集中したら良いかの情報を与えてくれる。すなわち、スカウティング情報を基に相手の攻撃パターン等をシミュレーションしてみるのである。紙の上でもＶＴＲでも、また、相手サイドに選手を入れてみる、等により対戦相手の動きを仮想する。そうすることにより、どこに焦点を絞ればいいかが確認できる。また、シミュレーションをイメージの中で行い、相手の攻撃に対して自分がどう対応すべきかを確認しておくイメージトレーニングも集中力のトレーニングにつながる。いずれにせよ、試合中、指導者はよく「集中しろ！」という指示を出すことが多いと思われるが、「いつ」

「何に」「どうやって」集中するのかの指示が明確でなく、当の選手が戸惑ってしまうようなこともあるが、事前にシミュレーションしておくことによりこの様なケースもある程度防ぐことができる。

5 プレー中に注意を集中する

集中力は注意を適切にコントロールする技術であり、注意をどこに向けるかがゲーム中に集中するためには重要なポイントになる。

(1) パフォーマンス・キューを用いる

どうも一流の選手は、たとえゲーム中の緊迫した場面においてさえ、自分の持てる力を発揮するためにはどうしたらいいかを思いださせてくれるような、1～2のプレー上のポイントに、それも単純なポイントに注意を向けるのがパフォーマンスにとっては好都合であることを経験的に感じているようである。これは、「パフォーマンス・キュー（動作の合図）」と呼ばれる単純な動きの一部のみに意識を向けることにより、注意集中の喚起を促す方法である。ここではマーフィー（1997）[7]の考え方を参考にパフォーマンス・キューの選び方について説明する。ぜひ自分に合ったパフォーマンス・キューを作ってほしいものである。

① 単純なものにしよう

ゴルフの世界であまりにも有名なジャック・ニクラウスは、ゴルフのメンタル面について、「スウィングについての考えを最も簡単な2、3のポイントに煮詰めることが、今までで一番役に立ってきた」とコメントしているそうである。この様な「スウィングについての考え」が、ニクラウスのパフォーマンス・キューであり、大事な試合中は一度決めたポイントを絶対変えないという。彼の合図は「頭を固定する」とか「バックスウィングを完全に取る」といった至極単純なものだったのである。確かに、我々はゲーム中様々な考えに囚われすぎてかえって自分を混乱させてしまう、というケースをしばしば経験する。「Simple is the best!」といういい方もあるが、たとえば、スパイク時に「右肘を高く、左手は前方へ」というように、単純で基本的な動作について簡単な言葉で考えるように自分にいい聞かせることは意識の集中を容易にする。

② パフォーマンス・キューはプラス思考で行おう

我々がプレッシャーのかかった状況でプレーする場合、うまくやりたいと思うがあまり、たとえばバレーボールのスパイクでいえば、「肘を下げないようにしよう」とか「ボールを打ち下ろさないようにしよう」というようにどちらかというと否定的な面から自分にいい聞かせるかもしれない。この様な時、実際にはうまくいった場面というよりは失敗場面を心に思い浮かべている場合がほとんどで、これは様々な心配へとつながっていき、最終的には焦りや集中力の低下等を引き起こすのである。したがって、様々な心配に意識を向ける代わりに1~2のパフォーマンス・キューに意識を集中し、それも肯定的な側面から考える（プラス思考）ことが重要になる。確かに、競技力の高い一流の選手は自分が失敗することなどほとんど考えてはいない。すなわち、前記の例でいえば、「肘を上げる」というキューに意識を向け、そうすれば良いスパイクが絶対に打てる、というように考えるのである。

③　自分の強みに焦点を合わせよう

一流スキーヤーを対象としたある調査は、優れた成績を上げた選手は、シーズン前には自分の弱点を基にスキー技術を向上させる方法を徹底的に探して練習していたが、レース前には自分の強みを考えていた。それに対して、成績の優れなかった選手は年間を通して自分の長所を考えていたのに、レース前には自分の弱点を考え始めていた、とその結果を報告している。スパイクでいえば、クロス打ちが得意であるならば「肘を伸ばして、クロスコースに決めるぞ！」というように、プレッシャーの中でのパフォーマンス・キューは自分の強みを強調する部分に焦点を当てることが重要ということなのである。

その他に、成功に結びつく自分自身のキューを見つけておくことも重要だ。なぜなら他の人には効果があるキューでも、自分に効果があるとは限らないからである。また、一旦キューを選んだら1回や2回でその効果を云々するのではなく、しばらく継続して試してみることも必要である。自分のキューに馴染むのにもある程度時間を要する。さらに、試合毎や試合中に安易にキューを変えないということにも留意しなければならない。また、新しいキューを思いついてもそれを大事な試合の最中に試すのではなく、練習時等に確認しておくことも必要である。

(2) 視線をコントロールする

テニス選手のゲーム中の行動、特に視線に注意してみると、プレーとプレーの合間にほとんど表情を変えずに視線をラケットに落とし、時としてガットを直しながらそれを注視していることに気づいたことがあると思う。また、サーブを打つ前もボールを弾ませながら（これは前述のルーティンの活用の一例）ボールを見つめ、サーブレシーブ時にもサーブを待ちながら視線は相手のボールを注視している。つまり、彼らの視線は意識的にコントロールされており、ボールやラケットといったものに集中されている。これはただ単に無表情を装うということだけではなく、このように視線をコントロールすることによりプレー中のボールへの集中力を高めることができるし、さらに感情のコントロールにも役立つ。

我々もミスをした後など、相手選手やベンチの監督、さらには、審判や観衆といった周りをへたに気にして見過ぎると余分な情報を取り込むことになり、それにより腹を立てたり、冷静さを欠いたり、がっかりしたり等、わずらわされてしまうことを経験したことがあろうかと思う。

たとえば、審判の判定に不服がある場面を考えてみよう。もしキャプテンが主審に執拗に食い下がり、他の選手も判定がどうなるかとことの行方を見つめていたとする。この様なケースはチーム全員の視線が主審に集中してしまい、肝心の次のプレーへの集中力は低下してしまうのである。また、判定に対し腹を立て冷静さを失ってしまうというように感情のコントロールをも失うことにつながりかねない。

さらに、視線を向ける対象は感情を持たない中性的なものにしょう。何に視線を向けるかは個人の好みによるであろうが、たとえばボール等の身近な用具は比較的集中しやすいかもしれない。

また、ホームコートでの通常の練習時には視線を向けるものが決めやすいと思われるが、試合になるといつもと違う体育館で行なうので、前もって試合中に視線を向けるポイント（集中するためのきっかけとなるポイントということでフォーカスポイントと呼ぶ場合もある）となるものを探しておくことが必要である。シアトル・マリナーズのイチロー選手が、試合中集中が途切れそうになると、決まって球場内のポールを凝視することによって集中力を回復させている、という話は有名である。

さらに、何かあった時に自分自身に何をいい聞かせるかキューワードとなる言葉を決めておくとなお効果的である。そして、特にミスした後、レフェリーの判定に不満がある時、相手が威嚇した時等には相手やレフェリーやベンチを情けない顔で見る替わりに、ルーティンとして表情をあまり変えずにすぐにボールや国旗等の自分の決めた目標物に視線を移し、あらかじめ決めておいた言葉を口にすることによって、意識を次に向けよう。そうすることにより自分の集中力も保てるし、周りからは平静に見えたり自信がありげに見えるはずである。

また、プレーの合間、プレーの直前にもボール等に視線を集中しておこう。集中力は注意を適切にコントロールする技術と関係しており、注意をどこに向けるかがゲーム中の集中にとっては大変重要なポイントとなる。

(3) 現在のプレーに注意を集中する

すでに終わったプレーに対してああすれば良かった、こうすれば良かったと考えたり、さらには、少し先のプレーに対して、こうしよう、ああしてみよう、とあれこれ考えることは現在のプレーに対する集中力を散漫にし、プレーの正確性をも低下させることになりかねない。「次、次！」「次は大丈夫だ！」「次はゴール隅に決めてやるぞ！」、といった積極的思考や独り言を用いて、次から次へと意識の焦点を切り替え、今現在もしくはこれからのプレーに注意を集中するという技術がより重要になってくる。

このことは、ゲーム進行がスピーディーで途切れがないバレーボールのようなスポーツにおいては特に大切であり、自分や味方のミス、相手にポイントされたこと等をいつまでもくよくよと考えていると、十分なディフェンス隊形をとれない内に、また次のプレーへの心の準備が整わないうちに相手に攻め込まれてしまい、さらに失点を重ねるという事態になりかねない。

反省はゲームが終わってからでも十分に間に合うことであり、反省しているうちにゲームが終わってしまったのではそれこそ元も子もない。重要なのは終わってしまったことではなく今からをどうプレーするかということである。

メジャーリーグで活躍する松井秀喜選手。２００３年初めて渡米した直後は、日本でのホームランバッターというイメージとはほど遠い打撃成績であった。しかし、そんな中でも彼は「先のことを考えるより、今、今、今と、取り組んだ方が良いと思いながらやっています」（『語る松井秀喜　from U.S.A.』『朝日新聞』2003年6月18日）とコメントしており、良い時も悪い時も「今」が大事だと考えていることがわかるのである。この集中の仕方が結果として後の好成績に結びついていくことになるのである。

(4) プレーに必要なことのみに注意を集中する

現在、もしくはこれからやらねばならないすぐ後のプレーの遂行にのみ注意を集中し、得点とか勝敗、試合の残り時間等についてあまり考えすぎないようにする。下手に得点や試合時間を気にしすぎると、たとえば、得点差がついた場合や試合時間が残り少なくなっているような場合、リードしている場合には多少の油断が出てしまうし、逆にリードされている場合には、もうだめかもしれないといったマイナスの考えが支配的になるかもしれない。いずれにしてもプレーの遂行によい影響を及ぼさないことだけは確かなことである。また、仮に得点差が少なく競り合いであったり、それがゲーム終盤であったりすると、必要以上に得点や残り試合時間、勝ちを意識すると自分で自分にプレッシャーをかけることにもなりかねない。

心理学でも一般的ではないが、「追求」と「期待」という考え方を紹介しよう。読んで字のごとく「追求」とはどこまでも「追い求めること」であり、「期待」とは「あてにして待つ」ことである。スポーツでいえば、試合で勝利をおさめるためにプレーに集中して全力を尽くすことは追求することであり、勝てるかもしれないと思うことは期待することになる。特に「甘い期待」について、市村（１９９３）[20]はこれを「白昼夢の状態」と表現しているくらいである。パフォーマンスに対するこの両者の大きな違いは、「追求」はプラスに働くのに対し、「期待」はマイナスに作用し勝とうという意識、さらには、集中力の低下を招くということである。

ロスタイムで同点にされたサッカーワールドカップアジア地区予選（１９９３年10月28日）の「ドーハの悲劇」や夏の甲子園、たとえば新湊高校に0対5と大差のリードで迎えた9回、無死から二つの送球ミスを発端に追いつかれ、延長戦の末破れた小松高校（『朝日新聞』１９９９年8月11日）等は、まさに「勝てるかもしれない！」という期待からくる「油断」という魔の誘惑に翻弄された典型例といっても良いであろう。

記録や得点や勝敗に注意を向けるのはコーチやベンチに任せよう。コート上の選手が必要以上に得点や勝敗に注意を向けすぎると、「勝てるかもしれない！」といった「期待」等を持つことになり、勝利に向けての今必要なプレーに全力を尽くすという「追求」の手が弱まる危険性があるのである。

バレーボールで理想論をいえば、審判のホイッスルとハンドシグナルで初めてセットやゲームの終了を知るというくらい注意をプレーに集中できれば最高ということになる。

(5) 必要な注意集中のタイプが外部方向か、内部方向かを明確にする

もし外部への集中が必要なら、何にどんな順序で注意を集中させるのかを整理し確認しておくことが大切だ。たとえば、ブロッカーのケースを考えてみよう。ブロックをする際には、レシーバー↓レシーブボール↓セッター↓トスボール↓アタッカーという順番でそれぞれの手がかりに対する意識を移動させる必要がある。注意を集中し続ける時間にはそれぞれ違いはあるが、構えの段階からこれらに関して確認ができていれば、実際のプレーの遂行段階での注意の集中がスムーズにいくはずである。

また、自身の内部への集中が必要な場合には、感情等の積極的で肯定的な部分に意識を向けるようにする。相手に攻められ劣勢になった時など、どうしても「もうだめかもしれない」とか「自分たちには実力がないのだ」といった不安感や無能感のような消極的で否定的な方向に注意が向きがちになる。やはり、「負けるものか」「やってやるぞ」といった意欲や闘志、「自分たちには力があるのだ」「負けるはずがない」といった有能感等に意識を集中し、自分自身を鼓舞する方向に持っていくことが重要である。

6 注意様式を考える

(1) 集中力を構成するものは何か

先に、注意集中のスタイルを狭い─広いの「広さ」の次元と内的─外的の「方向」の次元の2次元から捉え、これらの組み合わせによって4象限に分類したナイデファー（1977）[23]の理論を紹介した。

さらに、彼はこの理論を元に、注意様式、コントロール様式、対人関係様式、等を測定する17尺度、１４４項目からなるテスト（ＴＡＩＳ：Test of Attentional and Interpersonal Style）を作成している。しかし、ＴＡＩＳの質問内容は生活全般に関わるものが主になっており、様々な種目に特有な競技場面を考慮した質問項目の工夫が求められていた。

そこで、筆者はＴＡＩＳの17尺度の内、特に集中力と関係が深いと思われた注意様式に関わる６尺度について、質問内容をできるだけ原意を遵重してバレーボールの競技場面に表現を置き換えた52項目からなるＴＡＩＳ-Ｖ（TAIS for Volleyball players）を作成し、バレーボール選手に関して集中力の特徴を検討してみた[28]。

まず、バレーボール選手の集中力に関わる注意様式がどういった内容から構成されるかを見てみよう。これによりバレーボール選手に特に必要とされる注意集中の内容を理解することができる。春の高校バレーボール選抜優勝大会ベスト8のチームの男女選手にＴＡＩＳ-Ｖを実施し、因子分析という手法を用いて因子を抽出した。その結果、8因子が抽出されたが、主なものは第一因子「注意調節」と第二因子「混乱への対処」の二つであった。すなわち、バレーボール選手の注意集中においては、内外の情報を効果的に統合処理する能力と広い集中から必要に応じて注意の幅を狭める能力が高いこと、といった注意を調整する能力が第一に重要であることが分かった。ついで、「注意調節」がうまくいかなかった時の結果として、情報が多すぎたり、焦点を広げたりすることができずに結果的にミスにつながるといったことに関与しており、注意集中におけるマイナスの側面であり、これにいかに対応できるかがポイントといえるのである。

なお、参考までに第一、第二因子を構成するＴＡＩＳ-Ｖ項目各５項目を示したので試みてほしい。回答は、全然ない…１点、めったにない…２点、時々ある…３点、頻繁にある…４点、常にある…５点、の５段階である。各項目の得点を書き出し合計してみよう。合計得点は５～25点の範囲になる。

① 「注意調節」因子（得点の高い方が注意の調節能力に優れる）

(ア) 相手が攻撃のパターンをその場に応じて変化させてきても、相手の意図していることが分かる。

(イ) 相手チームをさっと見渡せば、そのチームの特徴的フォーメーションに気づく。

(ウ) 試合中、相手チームをさっと見渡せば一人一人の動き、サイン等を見つけることができる。

(エ) 各ローテーションについて、相手チームのどのプレーヤーがどこにいるかが常に頭に入っている。

(オ) 試合の流れの変化に適切に対応していくことができる。

② 「混乱への対処」因子（得点の低い方が混乱への対処能力に優れる）

(ア) 試合中、対処しなくてはならないことがたくさんあると混乱して、どう対処して良いか分からなくなる。

(イ) 試合中、作戦を立てずに次から次へプレーしていると、いつの間にかプレーが中途半端になってしまう。

(ウ) 試合中あまりにも注意することが多いため、気が動転して何がなんだか分からなくなる。

(エ) 試合の際には、不安になって肝心なことが分からなくなる。

(オ) いろいろなことが次々と頭に浮かぶために、プレーだけに集中することができない。

(2) 注意様式は競技種目間で違いがあるのか

次に、Vリーグの様な高い競技レベルにある実業団バレーボール選手にTAIS-Vを実施し、注意様式の特徴を調べてみた。その結果、バレーボール選手は、注意の幅を効果的に狭める能力が高く、さらに、狭くしすぎて課題遂行に必要な情報までも見逃すことによる失敗も少ないことが窺えた。このことはナイデファーがいうところのボールゲーム選手に必要な注意集中のスタイルであり、バレーボール選手の心理的適性要因としても考えることができるものであった。

また、バレーボール選手とテニス選手の注意様式を比べてみると、テニス選手の方が多くのことを効果的に考える能力、注意の幅を効果的に狭める能力に優れ、また、バレーボール選手の方が外的な過剰刺激に起因するミスや注意の幅が狭すぎることに起因するミスが比較的少ないことが分かる。このように、同じネット型のボールゲームであっても各種目に求められる注意様式が若干異なるのである。やはり自分の競技種目において集中力をトレーニングするためには、一般的な場面ではなく試合、練習を問わず各種目の実際のプレーの中でこれまで言及してきたポイントを意識的に実行することが肝要ということであろう。

(3) 注意様式は技術レベルにより違いがあるのか

さらに、レギュラー選手とそれ以外の選手の注意様式にどのような違いがみられるか、前記のバレーボール選手を対象に調べてみた。その結果、レギュラー選手の方がそうでない選手よりも、複雑な場面での内・外の多くの情報を効果的に処理することができ、さらにそれらの刺激による過剰負荷や混乱によるミスも少ないことが分かった。バレーボール選手は全体的にも注意の幅を効果的に狭めることに優れるが、レギュラーでない選手はその狭めた注意を広くすることがレギュラー選手よりも劣るため、パフォーマンスに必要な情報をも見逃してしまうのであろう。やはり、レギュラー選手はレギュラーでない選手よりも注意様式としてバレーボールという競技により望ましいスタイルを保持しているといえるのである。逆に、レギュラーでない選手は、練習中注意をできるだけ広くすることを意識することがレギュラーへの近道となりそうだ。

5　イメージトレーニングを考える

1　イメージトレーニングとは

いろいろなスポーツを観戦していると、競技直前に目を閉じて何かを考えているように見える選手に気づいたことがあるだろう。たとえば、陸上競技で自分の試技を控えてイスに座って何かを念じているようにさえ見える選手、スキー競技のスタート直前、少し頭や手を動かすといったちょっとした動作を伴いながら目を閉じている選手、等がそれである。バレーボールでもゲーム開始をベンチで待つ間にやはり目を閉じジッとしている選手もいる。これは、目を閉じることによりリラクセーションを行うと共に、これから自分が行うプレーを頭の中でリハーサルし、確認してから実際にプレーに入るために行っているのである。このように、「外から見てあまり具体的な動作を伴わないで心や頭の中に思い浮かべた運動場面などの像（心理学ではイメージ：Imagery、心像と呼ばれる）だけを利用して行う練習法」を我が国では「イメージトレーニング」と呼んでいる。

これは、メンタルトレーニングのプロセスにおいて最終段階となる重要なステップであり、練習する、トレーニングするという観点からは最も競技場面に直結した心理的スキルといえる。

2 イメージトレーニングの効果

身体運動のような複雑な動きは、筋肉の一連の動きを的確にするために脳の関連領域をフルに使用しており、その際の脳の活動と、頭の中だけで動きをなぞってイメージする場合の脳の活動はほぼ同じであることが分かっている。したがって、イメージするだけでも脳が実際の運動時とほぼ同じ活性化度を示すということは、脳によってコントロールされている筋肉系や呼吸循環器系等の生理的反応も実際の運動時と同様な反応を示す訳であり、動きはなくとも実際に身体的に練習をしている時とほぼ同じ効果が期待できるということになる。参考までに、図9は筆者がサポートした上位レベルの競技水準を有するスキーアルペン高校女子選手のイメージトレーニング中の心拍数の変化を示したものである。[29] ここでは、オフシーズン時2回（6月、10月）とプレシーズン時1回（1月）、計3回の測定を行っている。測定に際し選手には、指導者が設定した実際の前年の大会に用いられたものと同じジャイアントスラローム用ポール設定のコース図を2分間で記憶（インスペクション）してもらい、その後スタートからゴールまでを頭の中で滑ってもらった。なお、コースは前半が急斜面で中盤以降が緩斜面という設定であった。1回目の測定時（6月）は初めての測定ということで始めから心拍数が高かったが、それでもイメージにより滑り出すと心拍数が上昇していることが分かる。その後イメージトレーニングを継続する中で行った2回目の測定では、1回目ほどの心拍数の増加は見られなかったが、斜面の設定に呼応する形での心拍数の変化が認められた。さらに、シーズン直前の3回目の測定では、3回の測定すべて同じコース設定図を用いたことによる慣れが生じた可能性があり、心拍数の変動そのものは大きいものではなかったが、プロフィール自体は2回目の測定時とほぼ同様なものであり、それも、斜面の変化に即したものであった。さらに、毎回イメージングに関する自己評価を5点満点で行わせたが、イメージの明瞭性については3点→4点→4点、イメージの中でうまく滑れたかに関しては2点→4点→5点、とそれぞれ向上しておりイメージング技術の向上が窺えた。

さらに、図9は心拍数についてであったが、その他、運動イメージを描くと動きに関連した部位にも筋電図的反応が現れることを示した研究もいくつか見受けられる。

このように、イメージトレーニングを行いイメージング技術が向上すると、実際に身体を動かさなくても動かした時とほぼ同様な心身の反応を示す、というところにその有効性の根拠がある。

もっとも、実際に自分で経験したことのない運動をイメージトレーニングだけで上手くなろうなどという虫のいい考え方は通用しないことだけはお断りしておきたい。

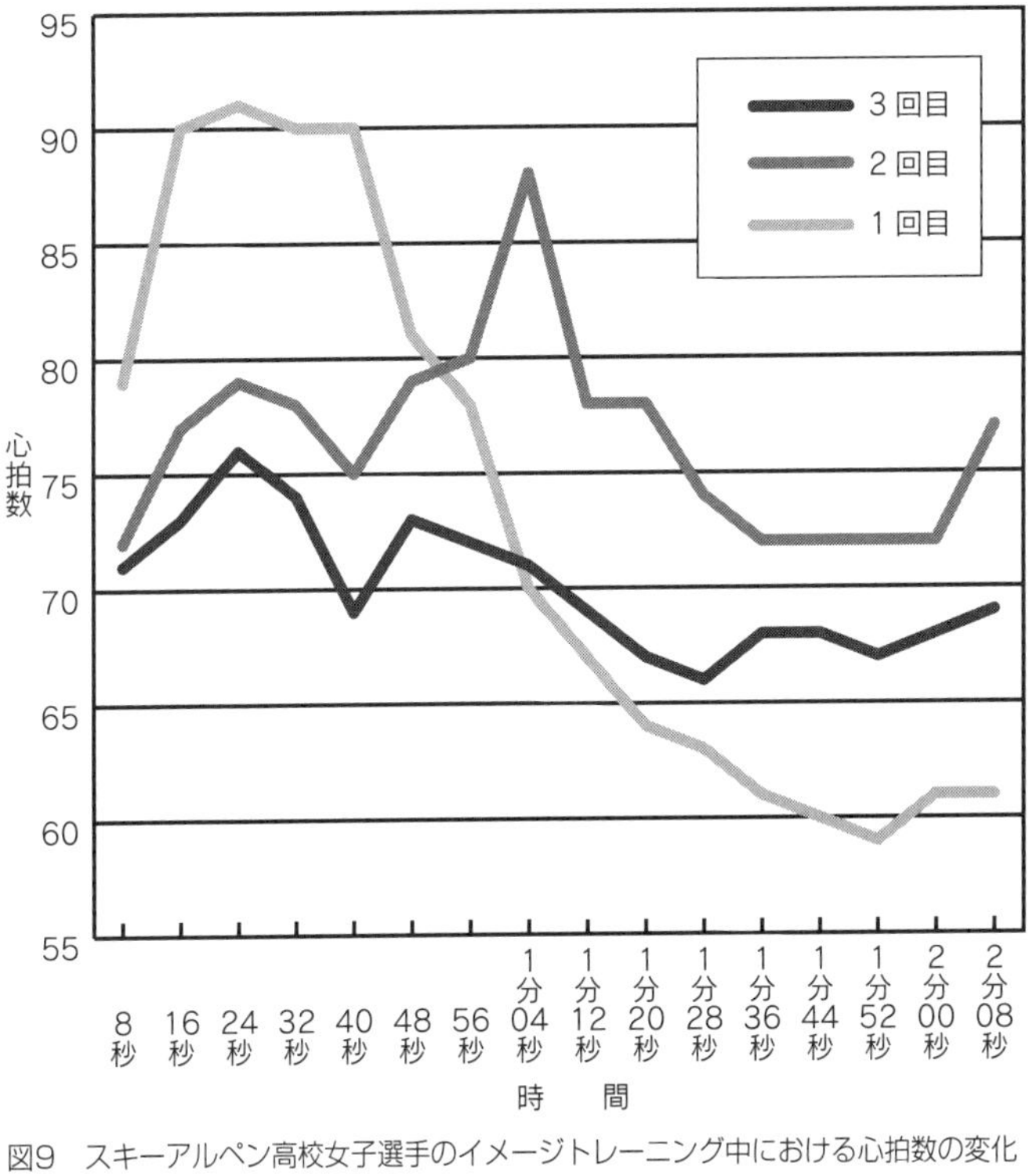

図9　スキーアルペン高校女子選手のイメージトレーニング中における心拍数の変化

3 イメージトレーニングの種類と方法

これまでも、リラクセーショントレーニングや集中力トレーニングについて説明を加えてきたが、その中にも多くのイメージを用いたトレーニングが含まれていた。このように、一口にイメージトレーニングといっても、どういった目的でイメージトレーニングを行うかということや、どういったイメージを内容として用いるかということによっていくつかに分類することができる。

① メンタルプラクティス

これは、たとえば、ストレートコースへの打ち方とか、ブロックをかわしてクロスコースに打つスウィングの仕方、等のバレーボールのスパイクの打ち方を練習する場合、また、体操競技で新しい技を完成させる時、等のように新たに高度な、もしくは、複雑な技術を練習する時にその補助的な手段として、通常は身体を動かして行う練習を、身体を動かすことなく心の中でイメージを描いて練習する方法である。この方法の利用は、様々な種目において技術向上を目指した普段の練習の中でも結構見受けられると思うが、イメージの中で練習してから実際にスパイクを打ったり、技を試してみる、といった身体的練習と組み合わせて行うとより効果的である。

② メンタルリハーサル

ゲームやプレーの直前に、これから自分が行おうとしている動き、やらねばならないことを時間的に順を追ってイメージしていき、それによって事前のチェックをする方法。宿舎を出る時からでも、試合会場に入った時からでも、コートやグラウンドに入った時からでも、その時から、たとえばゲーム終了までにやるべき一つひとつの行動を頭の中で整理し予行演習してみる。これにより、ゲームやプレーに対する心の準備を整え、マイナスになるような余分な考え等を排除することができ、精神を集中させることができる。また、たとえば、バレーボールではフォーメーションやコンビネーションといった作戦や戦術に関連したリハーサルにもなり、ゲーム中作戦をスムーズに実行に移すことに役立つ。我々もテレビなどを見ていると、スキーのアルペン競技で、スタート直前に軽く身体の動きを伴いながら目を閉じ何かを念じているようにさえ見える選手に気づくことがあるかもしれないが、これなどはまさにメンタルリハーサルを行っている場面そのものといえるであろう。

③　ビジュアライゼーション（視覚化）

この方法はメンタルリハーサルの応用型と考えることができるが、ゲームにおいて予想される様々な場面を視覚的なイメージによって思考する。つまり、想像力を働かせることにより試合の流れを「心の眼で見る」のである。これにより、様々な場面にどう対処すればよいかをあらかじめ普段から頭の中で練習し備えておく。たとえば、観衆が多い場合とか、ゲーム展開の中でピンチに立った場面、いろいろなタイプの相手との対戦、等を想定し、それらに対して冷静で自信を持って対処できている自分を思い描くのである。ゲームにおける不安を低減させたり、自信を強化することに役立つ。

④　ピークパフォーマンス法

　これもメンタルリハーサルを応用したものといえる。我々がゲーム等で非常に調子が良く最高のプレーができたような時を一般的に〝ピークパフォーマンス〟と呼び、このような時はプレーに対して身体ばかりでなく心理的にも理想的な状態にある、とされている。この理想的な心理状態を繰り返しイメージすることにより、その様な心理状態をいつでもどこででも作り出せるようにトレーニングするのがピークパフォーマンス法である。調子の良かった時のゲーム前の気持ちはどうであったか、ゲーム中ピンチに立たされたりミスした時の気持ちはどうであったか、さらに、それらにどう対処したか、ゲーム中の気持ちはどうであったか等をまとめておき、メンタルリハーサルする際にそれら調子の良かった時の心理的諸状態を加味したイメージを描くように練習する。もちろん自信の強化にもなるし、ちょっとやそっとの失敗にもめげないで対応できるようになる。

　以上、大まかにイメージトレーニングの各トレーニング法の概要を見てきたが、技術向上に貢献するメンタルプラクティスとしてのイメージトレーニングももちろん大切だが、情動の自己コントロールを目指すメンタルマネジメントの観点から考えると②〜④の立場からのイメージトレーニングが主要になると思われる。

　また、これまで説明してきたイメージトレーニングの型とそれらに付随する結果やそれらに影響するイメージ能力の関係について、マーチンら（1999）[30]は図10のようなモデルを提唱している。どのようなスポーツ場面でどのようなイメージトレーニングを行えば、どのような効果を得ることができるか、また、それらの結果にイメージ能力がどう関わるかを理解するのに役立つ。

さらに、図10に示した効果にも関連するがイメージトレーニングの目的は身体的・心理的両スキルの向上を目指すものであり、ワインバーグとグールド（1999）[22]は以下のようにさらに詳細に整理している。

(ア)　集中力の向上
(イ)　自信の構築
(ウ)　情動反応の統制
(エ)　スポーツ技術の獲得とその練習

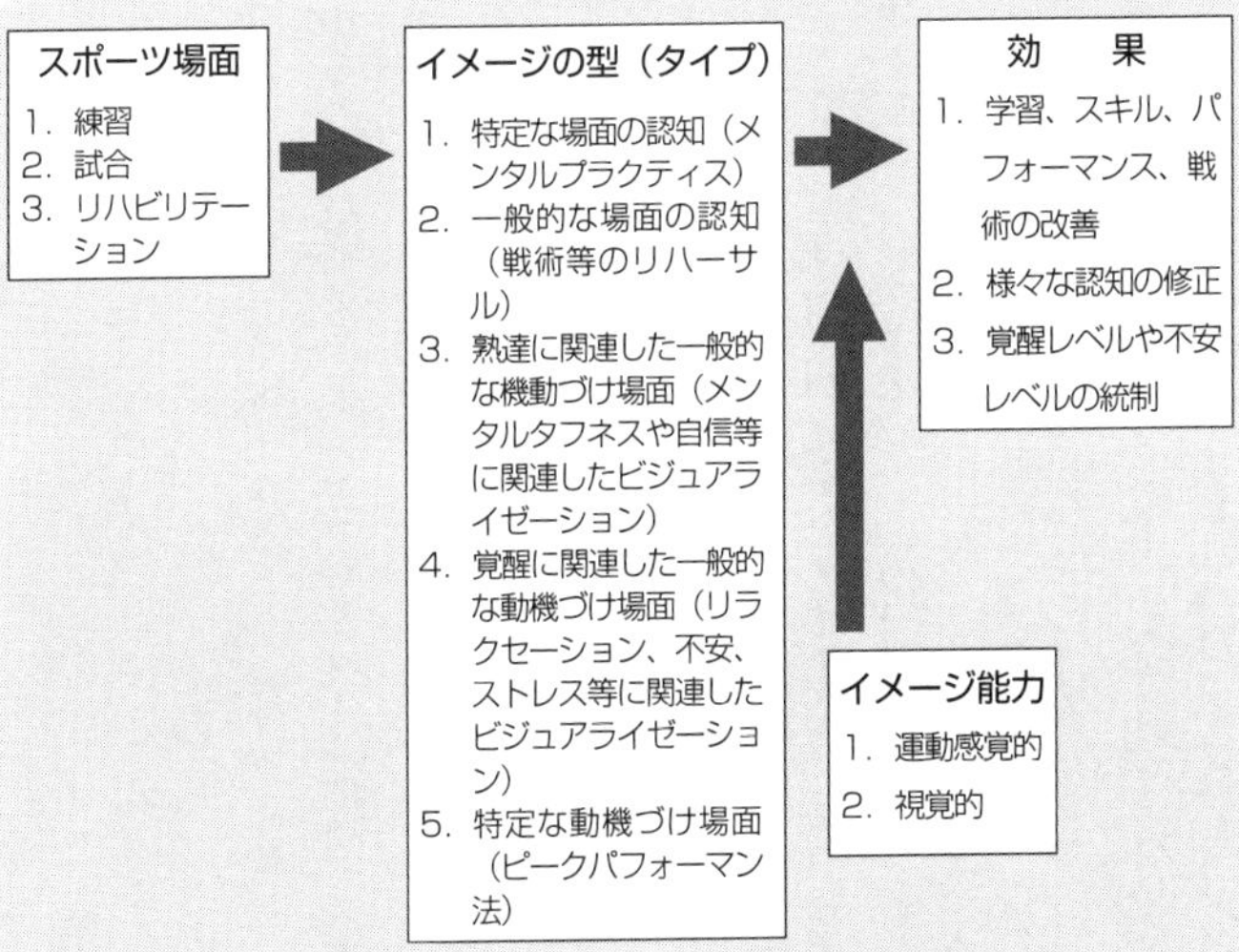

図10　スポーツ場面におけるイメージトレーニングの使用に関する適用モデル（マーチンら1999[30]、（　）内は遠藤加筆）

(オ) 戦術の獲得とその練習
(カ) 痛みや傷害の克服
(キ) パフォーマンスに関わる諸問題の解決

図10やワインバーグとグールドの整理を見ても分かるように、イメージトレーニングの使途は多様であり、メンタルマネジメントのみならず、傷害等からのリハビリテーション時、さらには、スキーなどのシーズンのあるスポーツにおいても、また、ウエイトトレーニングのような体力面の練習においても広い意味で活用することができるのである。

4 超一流選手のイメージトレーニング

思いのほか応用範囲が広いイメージトレーニングであるが、一流選手はどのように活用しているのであろうか。以外にもこんな選手もイメージトレーニングの恩恵を受けていたのである。それは「スポーツ心理学がイングランド代表を変えた」というタイトルのインターネット上の記事に見ることができる。以下は若干長くなるがその記事の抜粋である。

「有名なスポーツ心理学者、ウィリー・ライロ博士の助けを借りて、イングランド代表のフットボールは大きく変わった。博士は、試合に備えて心の準備をする方法を採り入れた。グループリーグでのアルゼンチン戦。デイヴィッド・ベッカムは決勝点となるペナルティーキックを決めた。イングランドのフットボールにとって、とても象徴的な出来事だった。

前回のワールドカップで同じアルゼンチンと対戦した時、冷静さを失ったベッカムは、一発退場となっていた。彼は、今回のこのゴールによってやっと償いを終えた。

博士は、〝視覚化〟というコンセプトを取り入れたのだ。選手たちに肉体だけでなく、イメージトレーニングをするよう働きかけた。イメージトレーニングとは、実際に行動する前に、それを実行するのに伴う一連の行動を、頭の中でやってみることだ。

デイヴィッド・ベッカムは、２００２年ワールドカップのアルゼンチン戦でペナルティーキックに向かう時、自分のペナルティーショットを心に描いていた。それは見る者だれの目にも明らかだった。深呼吸をする様子、周囲からのプレッシャーや自分の中にあるプレッシャーを遮断する様子、そしてあの冷静なゴールは、彼が視覚化を実行していた証拠だ。」（Tony Grimes, http://www.footballculture.net/japan/teams/feat_england.html, July 2002)

そう、あのデイヴィッド・ベッカムも02年サッカーワールドカップ時にイメージトレーニングを実践し、彼のパフォーマンスを確実なものにしていたのである。

超がつくほど有名な選手であっても一個の人間である。自分のプレー遂行のためには必要不可欠なものとしてイメージトレーニングを捉えているのであろう。我々もイメージトレーニングを有効に活用しない手はない。我が国でも、玄人好みのいぶし銀のプレーで多くのバレーボールファンをうならせる前日本代表選手細川延由選手もイメージトレーニングを実践していた一人である。細川選手は自己の失敗例も紹介しながら、次のようにイメージトレーニングの効果についてコメントしている。

〈前日本代表・NECブルーロケッツ　細川延由選手のコメント〉

「私は常に細かいところまでイメージしながらプレーしていました。もちろんそれがベストだと思っていたからです。ただ、不得意なプレー（サーブレシーブ）については失敗したところまでイメージしてしまっていました。そしてやっぱり失敗しちゃうんですねぇ。しかし、遠藤メンタルアドバイザーから、特に試合前のイメージトレーニングでは成功したところばかりを考えるように！とアドバイスを受けてからは、たとえ失敗してもポジティブに考えられるようになり次のプレーで挽回することができるようになりました。それからは今まで以上に積極的にボールを触るようになりました。技術的に上手になったかどうかは分からないけど自信はついたことは確かです。」

5 効果的なイメージトレーニングの諸原則

イメージという言葉は、「イメージがつかめた」「イメージが湧いた」等、一般的にも良く耳にする言葉であるし、「イメージトレーニング」もしかりであろう。ちなみに「Google検索」で「イメージトレーニング」をキーワードにインターネット検索したところ実に31万1千件ものホームページがヒットした。その内容も自己啓発、メンタルヘルス、教育、学習塾、ダイエット関連、着物関係、ゲーム等多種に渡っていた。キーワードに「スポーツ」を加えてやっと10万2千件になったが、いかにイメージトレーニングという用語が広く用いられているかがうかがい知れるところである。

しかし、用語自体は一般化しつつあるとはいえ、肝心のイメージが漠然としたものではいつまでたっても、たとえば〝曲〟とか〝絵〟は完成しない。少しずつ部分部分を形あるものにしていく努力が必要となる。スポーツにおいても同様で、少しずつ目標となる理想的なプレー場面に近づけるためにはイメージについてもトレーニングが必要となる。しかし、そのトレーニングもただ単にイメージを繰り返し思い浮かべれば良いかというと、必ずしもそうではないようで、実際に身体的練習と同様に効果を上げるためのいくつかの原則を踏まえておくことが必要になる。さもないと、せっかくイメージトレーニングの恩恵に浴することができないということになってしまう。

そこで、ここではイメージトレーニングを効率的に実施し、効果を上げるために考慮する必要のある主なポイントについて考えてみる。

(1) 適切なトレーニング状況の確保

最終的には周囲の状況がどうであれ、いつでもどこでも鮮明で、しかも自分の意のままにコントロール可能なイメージを描けることが望ましい。しかし、実際にはそうはうまくはいかず、どうしても雑音があるとそれに影響されイメージを描くことに集中できないことがある。したがって、トレーニングの初期においては周囲の妨害条件をできるだけ排除した形でトレーニングができる場所を工夫することが求められる。特別に部屋が確保できればそれにこしたことはないが、できない場合でもできるだけ気が散ることが無いように人の出入りの少ない静かな若干暗い場所を探してイメージを描くことのみに集中するようにしよう。

また、イメージを描く際の姿勢も、大の字に横たわった仰臥位の方がリラックスしやすいので始めのうちは都合が良いかもしれない。しかし、だんだんとイメージトレーニングの技術が向上し慣れてきたならば、仰臥位だとかえって覚醒水準が下がりすぎて眠ってしまう可能性があるので、イスに腰掛けたり床に座ったり、もしくは、立位で壁により掛かったり、と自分にとって楽な姿勢で良いので仰臥位以外の姿勢でトレーニングを行うことが薦められる。何れにしても、いつでもどこでも、どんな姿勢ででも必要な時にイメージトレーニングできることが最終的には必要とされるので、日頃からより実際的な状況下でのトレーニングが求められる。

(2) 心身ともにリラックスした状況でのトレーニング

イメージを描くことに先立って、まず心身ともにリラックスした状態を作っておくことが必要である。というのは、心身が緊張していたのでは、注意が様々なことに向けられてしまい、イメージを描くということに集中できないからである。最適な緊張状態では「一心不乱」「注意の集中」等の心理状態を呈することが知られている。少なくともこれに近い状態でトレーニングを行えばイメージ想起がスムーズに行われることが分かっている。したがって、イメージトレーニングを行う際には、まずリラクセーションを図るためにリラクセーショントレーニングを行うことが必要である。

(3) 上達段階に伴ったイメージ内容の変化

イメージを描くことも技術の一つであるので、繰り返しトレーニングを進めていくことによりイメージが想起しやすくなる。つまり、イメージングの技術を向上させることができる。このイメージングの技術は二つの要因から考えることができ、一つはイメージを実際の体験や事物と同じようにはっきりと鮮明に描けるかという問題であり、これはイメージの「明瞭性（鮮明度）」として捉えることができる。第二は描いたイメージをいかに自分の思い通りに自由に動かすことができるか、コントロールできるか、操作できるか、変換できるかという問題であり、これはイメージの「統御性」という観点になる。したがって、イメージトレーニングの進行に伴ってこれら二つの観点から評価していけば、自己のイメージング技術の上達状況を把握できるということになる。たとえば、次のような主観的なチェックリスト（猪俣、１９９７[31]、に加筆修正）を利用しトレーニング記録として継続することも有用である。

①　明瞭性（鮮明度）…どのくらいイメージがうまく（はっきりと鮮明に）描けたか？

５点：実際に行っている時と同じくらい鮮明である
４点：かなり鮮明である
３点：どちらともいえない（鮮明な時もあるが不鮮明な時もある）
２点：かなり不鮮明である
１点：全く不鮮明である

②　統御性…どのくらいイメージの中でうまくプレーできたか？

５点：全く自分の思いどおりにイメージが描けうまくプレーできた
４点：かなり自分の思いどおりにイメージが描けうまくプレーできた
３点：どちらともいえない（思いどおりに描ける時と描けない時がある）
２点：自分の思いどおりにイメージが描けずうまくプレーできないことが多い
１点：全く自分の思いどおりにイメージが描けずうまくプレーできない

したがって、イメージトレーニングの初期段階においては、始めから目標とする実際の複雑なプレー場面をイメージするというよりは、自分のイメージしやすい身近で易しい事物からトレーニングを始め、徐々にイメージングの技術そのものを高めていくことが必要である。たとえば、簡単な日常的な場面や動作、身近の目標とする選手、ボールのように普段使っている用具やその色、音等をイメージする。そして、それらのイメージが少しずつ鮮明に描けるようになったら、今度はそのイメージを頭の中で動かしたり、他の何かに換えたりしてみる。そして少しずつ描くイメージの内容を複雑にしていき、最終的にはゲームやプレーの始めから終わりまでのイメージをはっきりと、しかも意図的に操作したり変換したりして想起できるようになると良い。

また、自分の運動をイメージに描く場合でも、ビデオに映した自分のプレー場面を第三者として見ている、観察しているように描くイメージ、「運動を見る」イメージ（客観的イメージ、外的イメージとも呼ばれる）と、自分がプレーしている場面を実際のプレーの遂行時と同じ目で見て、筋肉運動感覚的にも同じように感じながら描くイメージ、「運動を行う」イメージ（主観的イメージ、内的イメージとも呼ばれる）の二つに分けて考えることができる。

そして、新しい技術を練習し始める時やイメージトレーニングの初歩の段階においては「運動を見る」イメージがどうしても中心になる。これは学習の初期においては、モデルとなる技術や場面を冷静に観察することにより理解し、記憶することが求められるからである。また、イメージング技術が低い場合にはとても身体の筋肉がどの様な感覚であるかといった部分にまで意識を向ける余裕が無い。

しかし、イメージ想起技術の上達に伴って、イメージもはっきりと描けさらに自分の思い通りにコントロールできるようになるので次第に身体の様々な部分の動きやそれに伴う感覚にまで意識を向けることができるようになる。そうすると「運動を行う」イメージが描けるようになり、イメージの中で自分の身体を動かし、さらに動かした結果をも自分で感じ取ることができるようになる。そしてここでは、イメージの流れにしたがって起こる様々な身体的な反応を五感のみならず筋感覚といった全ての感覚器官を総動員して感じ取れるように注意することが大切になる。

またさらに、イメージ上でプレーを行う際にはできるだけ実際のプレーと同じスピードでイメージングすることが大切ではあるが、技能の弱点修正のためには時としてスローモーションやストップモーションでイメージトレーニングすることも有効であり、これもイメージング技術の向上に伴って可能となってくる。加えて、緊張、不安、恐れ、喜び、悔しさ、嬉しさ、等の感情的な変化をも加味されるようになるとイメージトレーニングもより熟達した段階となり、メンタルマネジメントの観点からも有用なトレーニング手段となる。

このように、イメージの明瞭性や統御性から自分のイメージング技術の進歩を把握し、その進歩に伴ってその内容を「運動を見る」イメージから実際に自分が「運動を行う」イメージへと変化させていくことが、身体的な練習に引けを取らない練習効果をイメージトレーニングに期待するためには重要なポイントとなる。

(4) 手がかりの利用

イメージトレーニングでは、ただ単にイメージしようとするよりは、何らかの助けとなるような手がかりがあると、より臨場感にあふれた鮮明なイメージの想起が期待できる。このことは特にイメージトレーニングの初期において有効と思われる。以下の事項はその補助的な手がかりの例を示したものである。

① モデルを活用する

良いイメージを描くためには、自分が理想とする、もしくは、目標とするモデルとなるべきものが必要である。たとえば、甲斐選手のような豪快なスパイクを打ってみたい、宇佐見選手のようにボールコントロールが上手くなりたい、というように、我々も一流選手のプレーやゲームの進め方に何らかの憧憬の念を持っていることと思う。

そして、時として遊びとしても一流選手のプレーのマネをするということもあるかもしれない。この時すでに我々の頭の中ではイメージを描くことの第一歩が踏み出されているのである。ここでは一流選手がモデルとなっているが、さらに明瞭なイメージを描くためには、彼らのプレーをもっとよく見て自分の目標とするプレーや成功シーンを頭の中に焼き付けることが重要である。実際に試合を観戦して周りの雰囲気をも含めて参考にすると良い。また、テレビやＶＴＲ、写真やポスター等でも良い。それらを繰り返し観察することにより自己の想像力を刺激したところでモデルと自分が一体となるようイメージトレーニングを行う。

しかし、もしモデルとのギャップが大きすぎてイメージの中で一体感が得られないようなら、今度はもっと自分の身近で技術的にもレベル差の少ないモデルに切り替えることも必要である。これは特に技術的にみた初・中級者には重要なポイントとなる。また、自分自身のプレー場面をＶＴＲ等で観察することも重要だ。選手の中には自分がどの様にプレーしているかを見たことがない人も結構いるかもしれない。これでは自分のプレー場面をイメージすることができるはずはない。たとえ鏡の前で動作してみるだけでも、かなり自分自身のイメージを描く際のモデルになるはずである。

② 身近な用具を利用する

イメージを描くことも慣れていないとなかなか鮮明なイメージは描けないので、始めはイメージすること自体のトレーニングも必要である。そのためには、まず身近な、毎日の練習等で使用している用具を利用してそれをイメージすることから始めると取り組みやすい。

たとえば、日頃から接しているボール等は手頃であろう。プロ野球のピッチャーが片時もボールを放さない、なんて話も耳にするが、この時に握りの感覚のみならずイメージトレーニングにも役立てていたとしたならば、さすがプロフェッショナルと感心せざるを得ない。まず、バレーボールを自分の目の前に置き、時には手に取り、よく見て隅々まで観察する。色はどうだろう、練習等で多少薄汚れてはいるかもしれない。また、キズはないだろうか、縫い目はどうなっているだろう等いろいろと観察する。そして、次に目を閉じてボールを頭の中でイメージしてみる。観察したことを基にできるだけ細部に渡って詳細にイメージするように頑張ってみよう。このボール等の身近な用具を利用してのトレーニングはイメージングの技術が上達した段階においても有効だ。すなわち、より臨場感のあるイメージを描くことに役立つのである。

また、この際に、たとえばスパイク場面で、頭の中では自身のスパイク動作全般をイメージしながら自然な形である程度身体を動かしてシャドースパイクをしてみることもシミュレーションにつながりより効果が期待される。

③　感覚的・象徴的な表現を利用する

普段の練習における指導の際に、しばしば感覚的な表現を用いることがある。これは、感覚的表現の方が指導する側もされる側も理解しやすいこと、さらに、運動技術には言葉で表現しにくい、もしくは、表現しきれない部分があること、等の現実があるからである。

イメージトレーニングにおいても同様に感覚的な表現を交えて行うとイメージが描きやすい。たとえば、クイックスパイクをイメージしている時に、手首の使い方を「カナヅチでクギをコツンと打つように」と考える等、その動作を象徴しているような日常的な動作の比喩的な表現を用いたり、鋭くスパイクを打つイメージでは「バシッとスパイクを打つ」というように、運動を音で感覚的に表現する擬音語を用いることも有効である。

④　背景音を利用する

イメージトレーニングを行う場合、我々が持つ全感覚を総動員することが重要であることはいうまでもない。その場合には、当然自分のプレーそのもののイメージも重要だが、自分がおかれている場面全体の雰囲気をも含めたイメージが無くてはならない。

ここで重要な役割を果たすのが聴覚的イメージだ。たとえば、バレーボールのゲーム中、連続的にブロックされてもそれにくじけずに立ち向かっていく、というようにピンチに立っても自己をコントロールでき、冷静に対処できる自分をイメージするビジュアライゼーショントレーニングを行っているとしよう。この時、ただブロックを想定してスパイクを打つという場面だけを思い浮かべるのでは現実味がない。すなわち、その場面の内容に適した背景音をも合わせてイメージするのである。そのプレー場面に伴う様々な音、たとえば、審判員の笛の音、観衆の拍手、歓声、声援、ボールの弾む音、等を効果音としてイメージの中に含めて思い浮かべる。最初うまくいかないようなら、ゲーム中の音を録音しておき、それをＢＧＭとして流しながらイメージしても良い。

⑤　その他のポイント

イメージトレーニングは施設や用具を使わないので、いつでもどこでもできるという利点はあるが、しかしだからといって、思い付いた時に無計画に実施しても良いというものでもない。やはり、練習前後というように一日の内でも決めた時に実行する。

さらに、できれば毎日、また1～2日おきでも良いのでトレーニング日程に入れて定期的に行う。また、1回のトレーニングは5分程度にすることにも留意しよう。1回のトレーニング時間を長くしてもかえって集中度が低下し効果が上がらないので、時間は短くても繰り返し何回も行う方が効果的といえる。

さらに、イメージトレーニングを行った際には、トレーニング日誌のような形式で毎回記録を残しておくことも重要だ。トレーニングの進行状況が把握でき、次回の練習目標の設定にもなり、トレーニングに対する動機づけを高めてくれる。

最後に、もちろんイメージトレーニングは、バレーボールの技術向上はもちろんのこと心理的技術の向上も目指して行われるので、イメージとして描く場面は成功場面や肯定的場面であることは必然である。

したがって、もしその過程でどうしても失敗場面や否定的場面しか思い浮かべることができない場合には直ちにトレーニングを中止することが肝要である。いかなる類のトレーニングも全てポジティブな方向を志向しており、ネガティブな方向性を持つ練習が無意味であることはいうまでもない。

6 イメージトレーニングは何歳から有効なのか?

１９９９年8月のライオンカップ全日本小学生バレーボール選手権大会では広島県の大町チーム（男子）が優勝し、翌朝の『読売新聞』（１９９９年8月14日）には、初出場にして初Vの快挙を伝えるとともに「イメージトレ・大一番で威力」という見出しが踊った。すなわち、大町チームの優勝は選手たちが取り組んだイメージトレーニングの賜物であった、というのである。準々決勝では第一セットを奪われながらも逆転勝利し、フルセットにもつれ込んだ準決勝でもサービスエースで逆転しそのまま振り切った、という戦歴が示すように、大町チームにはここ一番という時にも絶妙のサーブで勝負できたり負けている試合をもひっくり返すことができる、といった強い精神力が窺えたのである。

このことは、選手たちが練習中だけでなく寝床に入っても好プレーのイメージを頭の中で描き続けたことによるところが大きいとされているが、これこそイメージトレーニングの実践に他ならない。チームの監督も「技術だけでは勝てない。精神を自由にコントロールするために取り組んだ」、とイメージトレーニングをメンタルマネジメントの一つの重要な方法として取り入れたことをコメントしていた。

イメージトレーニングはどのくらいの年齢から可能なのかと疑問に思う人もいるかもしれない。カナダの著名なスポーツ心理学者テリー・オーリックと彼の仲間（１９９２）[32] が行った7～10歳の卓球選手にイメージトレーニングを導入した研究でもプレーの正確性やショットの技術的質の向上が確認されている。

また、我が国においても、内山他（１９９３）[33]は、小学生がサッカーのボールリフティングに関してメンタルプラクティスとしてのイメージトレーニングを行うことにより3年生以上でその技術の発達が助長された、と報告している。

大町チームの例や卓球やサッカー選手に関わるこれらの研究の結果から、もちろん実施法については十分に配慮される必要があるかとは思われるが、イメージトレーニングが小学生の段階からも多分に有効であることが理解できるであろう。

さらに、新聞が報道するように、イメージトレーニングをきっかけに大町チームのチビッコ選手たちが自ら課題を見つけ、それを克服する力を身につけたとしたならば、それこそ我々も見習うべきメンタルマネジメントの素晴らしい実践例ということができる。

18
GUSTAVO
13
©FIVB

第3章

チームづくりから試合に臨むまで

©FIVB

1 チームビルディングの試み

■ チームビルディングとは

これまでは、選手個々人の心理的成長を期待した様々なメンタルスキルの実践を考えてきた。しかし、日本代表男子バレーボールチームの様に、Vリーグ等様々なチームからの選抜メンバーで構成される場合、個々の選手及び指導スタッフ間の意思疎通を図り、チームとしてのまとまりをいかに作り出せるかが重要な課題となる。すなわち、お互いがお互いをよく知ることが必要であり、それがひいてはチームワークにもつながるのである。

このことは「チームビルディング」と呼ばれ、選手各自のメンタルスキルの向上と共に（写真1参照）、

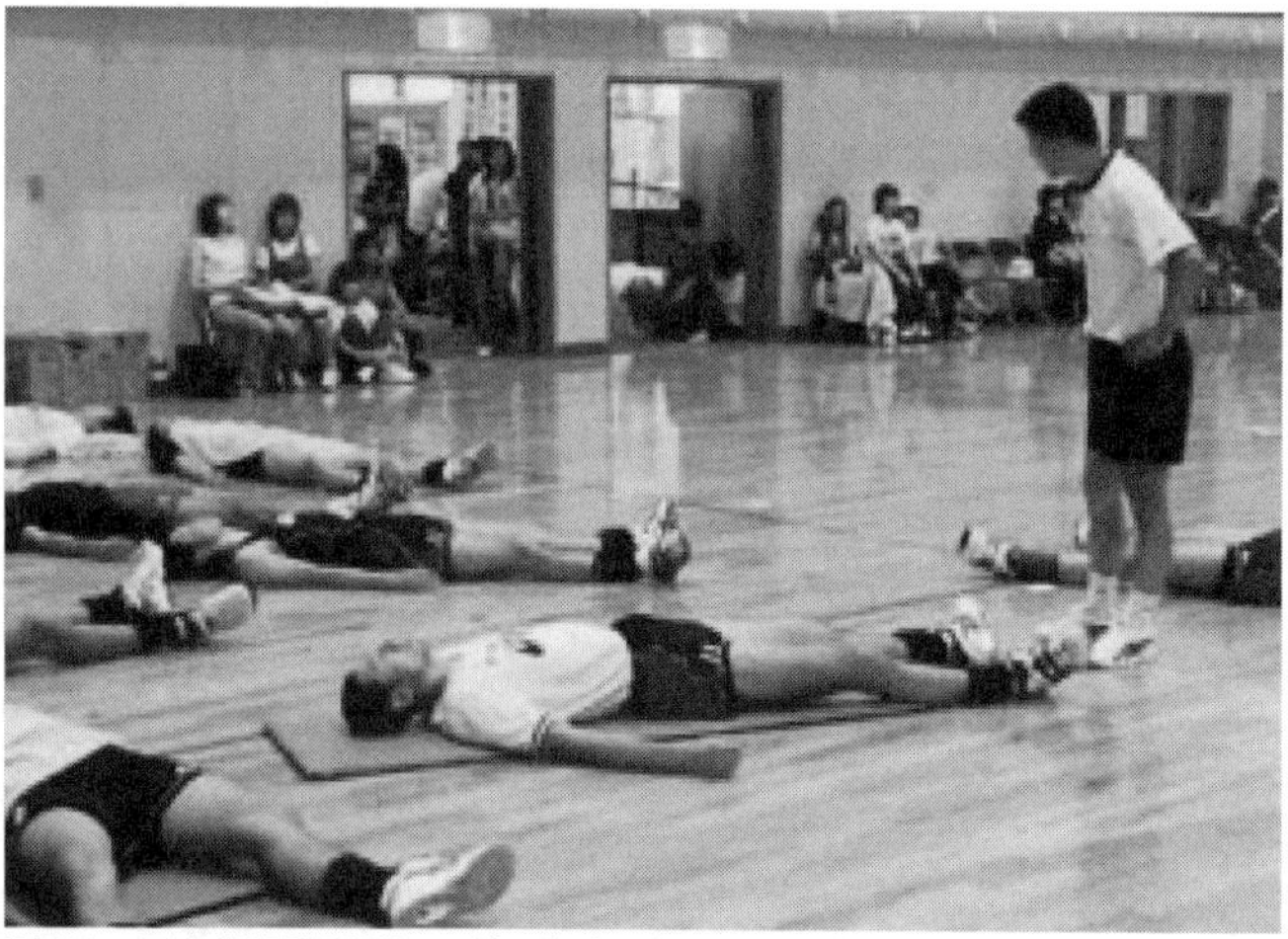

写真1　日本代表男子バレーボールチームへのリラクセーションやイメージングの指導

チームの選手の意識統一という意味ではチームのメンタルマネジメントということができる。そこで、日本代表男子バレーボールチームが第１次合宿初日から数日間に渡って行った研修形式のミーティングによるチームビルディングのための集中的トレーニングについて、その内容を紹介する。

２　チームとしてのまとまりをつくる

チームビルディングは、選手各自が自分の思いのままをさらけ出し、遠慮や飾りなく本音をぶつけ合うことによって、よりチームの心理的結束を固めようというものである。北森（２００３）[34]は、「自分とは何か」について考えることを「『私の取扱説明書』を作成すること」と表現している。

全日本男子バレーボールチームでは、朝から夜まで「私の取扱説明書」を作成するために、びっしりと自

写真2　チームビルディング：自分を確認する

己を振り返るためのデスクワークやプレゼンテーションが計画されていた。選手にとってはただ座って聞いているだけというものではないので、結構精神的作業でしぼられはしたが、チームのコミュニケーションが格段に向上したことは各選手が自覚しているところであった（写真2参照）。

また、単発的だと選手の自覚が低下することが懸念されるので、その後の合宿時においても選手個人による目標設定（表7参照）、チーム内における自己の役割分析（表8参照）等、選手個人のプレゼンテーションとそれを聴いた他の選手が気持ちを文章にして直接発表者にフィードバックするためのプレゼントカード（表9、写真3参照）の進呈も機会を見て計画した。

これらの継続的フォローアップによって更なる選手間の相互理解と自己理解の促進、チーム全体の目標の方向性の確認、チームメンバー各自の役割認識の促進等を図

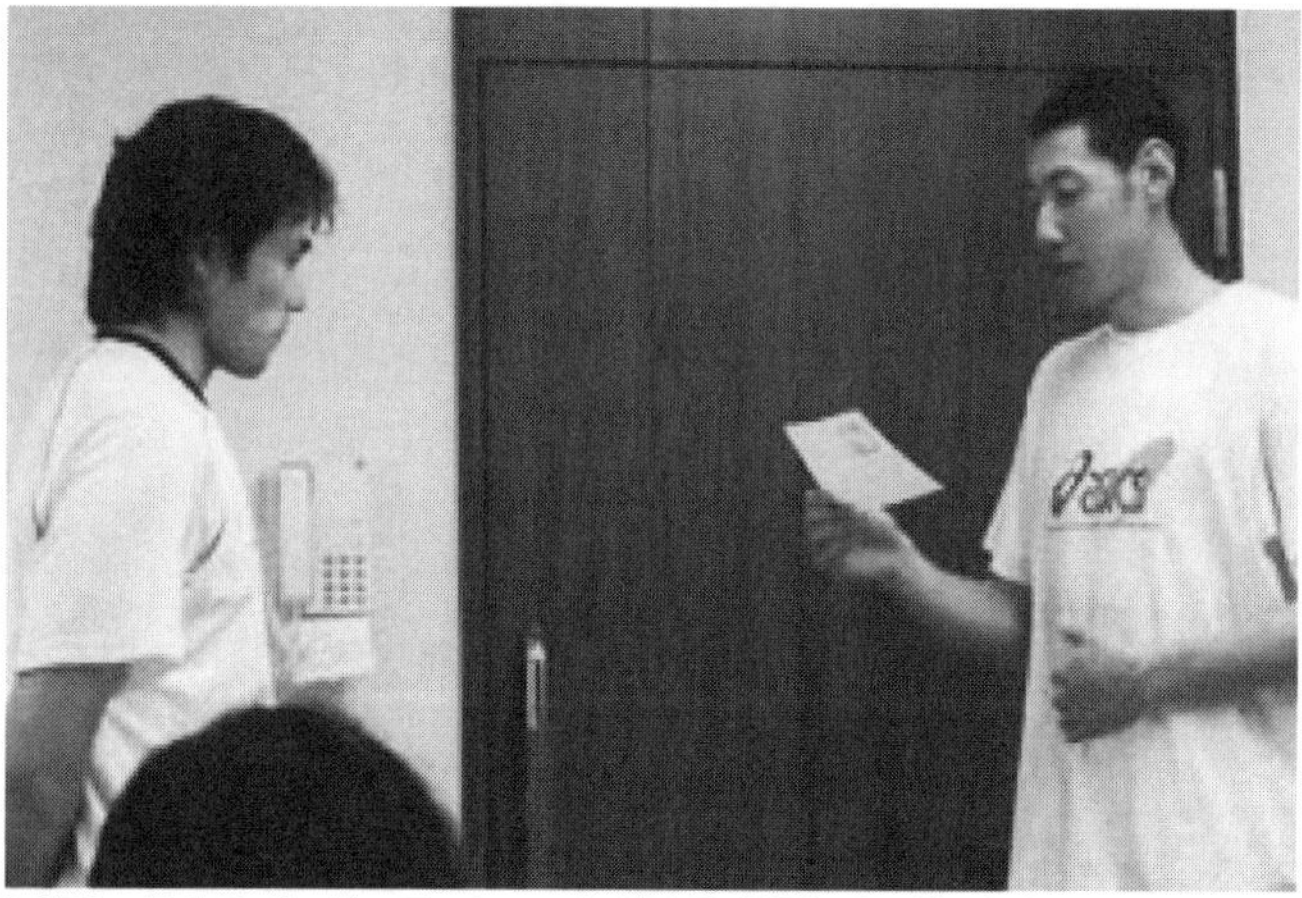

写真3　個人のプレゼンテーションに対する感想をプレゼントカードにして発表者に手渡す

表7　目標設定シートの一例

全日本男子バレーボールチームの目標設定シート

＊目標の中に含むべき内容

① 何が目標とする結果なのかを明確にする。
② どのように結果が達成されるのかを明確にする。
③ 達成を測定するための方法が含まれること。
④ 達成までの期日が含まれること。
⑤ 到達する可能性が含まれること。

例：「私は2007年9月27日までに毎日30分間目標物を設けたサーブ練習を行い、サーブポイント率を0.5%アップする。この目標は5日間練習で記録できたときに達成される。この達成の可能性は85%である。」

氏名：____________________　　設定日：________年____月____日

＊技術的目標

＊体力的目標

＊心理的目標

表８　自己開示設定シートの一例

全日本男子バレーボールチーム自己開示設定シート

＊今自分が考えていること!!

○ このチームで自分の役割は何か？
○ 他の人は自分にどんなことを期待していると思っているか？
○ このチームのために自分はどう頑張っていくか？
○ アテネオリンピック最終予選に対する自分の決意は？

＊この自分の考えに対して他の人がどう思ったか？ どう感じたか？ 聞いてみよう。

氏名：＿＿＿＿＿＿＿＿＿＿　　設定日：＿＿＿＿年＿＿月＿＿日

表9　プレゼントカードの一例

＿＿＿＿＿＿＿＿さんに対する

プレゼントカード

年　　月　　日　於：＿＿＿＿＿＿＿＿

私＿＿＿＿はあなたの話を聞いて＿＿＿＿＿＿＿＿＿＿＿＿しました。
あなたの頑張っているところは
・＿＿＿＿＿＿＿＿＿＿＿＿＿＿＿＿＿＿＿＿＿＿＿＿
・＿＿＿＿＿＿＿＿＿＿＿＿＿＿＿＿＿＿＿＿＿＿＿＿
です。
あなたに期待することは
・＿＿＿＿＿＿＿＿＿＿＿＿＿＿＿＿＿＿＿＿＿＿＿＿
です。

ることができ、チームの技術的にはもちろんのこと心理的な結束の強化、すなわちチームワークの構築に大きく貢献することができた。

2　メンタルトレーニングの目的を再確認する

1　セルフコントロール

先に、アテネオリンピックバレーボール男子金メダルブラジルチームメンバーで大会ＭＶＰに選ばれたジルベルトの「我々は自分の感情をコントロールできる。（ＭＶＰは）光栄だが、個々の成績はあまり重要ではない」（時事通信社、２００４年8月30日）という言葉を紹介した。ラビザ＆ヘンソン（１９９７）[18]の言を借りると、「自信」はメンタルゲームにおける大きな目標であり、もし自分で自分をコントロールできていないとしたらその時は自信を持ってプレーできていないことになる。いろいろな考えや感情が頭の中で交錯しているときは集中してプレーすることはできない。つまり、自分をコントロールすることは自分の責任なのである。したがって、自分でコントロールできることとできないことを区別することはセルフコントロールするためには大変重要なポイントとなる。

一つひとつのプレーの基礎的な部分にはセルフコントロール（気持ちの切り替えといっても良い）が

必要になってくることはこれまでも表現を変えて強調してきたところである。これはいわば自己の認知面に関するコントロールであり、その基本的な考え方は以下の2点に集約される。[18]

①　自分の周りで起こることはコントロールできないが、自分がどう反応するかを選択することはコントロールできる。

②　自分のパフォーマンスをコントロールする前に、自分自身をコントロールしなければならない。

実は、プレーしている最中に起こる様々な出来事は自分で何とかできるもの、すなわち、「コントロール出来ること」と自分ではいかんともしがたいもの、すなわち、「コントロール出来ないこと」に分けて考えることが出来る。たとえば、以下の項目がそのどちらに入るのか、考えてみると良い。

①　終わってしまった過去のプレー
②　体育館の温度、湿度、照明等のコンディション
③　自分の考え方
④　相手のヤジ
⑤　観客の数
⑥　自分へのヤジ
⑦　審判の判定
⑧　体育館の設備等

⑨　チームメイトのミス
⑩　試合時間の遅れ
⑪　自分の使われ方
⑫　マスコミの数
⑬　自分の行動
⑭　相手選手のパフォーマンス
⑮　チームメイトの応援
⑯　カメラのフラッシュ
⑰　自分のパフォーマンス
⑱　自分のチームの雰囲気
⑲　自分の独り言
⑳　これから後のプレーの結果
㉑　自分のテンション
㉒　自分のプレーに対する周りの評価
㉓　自分のプレーに対するスタッフの評価
㉔　マスコミの報道内容　等

普段のことを考えると、あるいは全ての項目に関して気になり、自分で何とかできないものかと煩わされているかもしれない。しかし、案外自分自身に関わること以外にあなたがコントロール出来ることは無いことに気がつくと思う。すなわち、我々がコントロール出来ないことを心配することによって自身のパフォーマンスへの意識の集中が阻害されてしまうことになる。だとするならば、我々が自身では何ともできないことに関して「ああでもない」「こうでもない」といろいろと思考して反応することは無益以外の何ものでもないのである。

たとえば、「③自分の考え方」はもちろん自分自身のことであるからどの様に考えるかはコントロールできる。しかし、「⑦審判の判定」に関しては、自身が審判ではないので判定そのものはいかんともし難い訳であるが、たとえ自分に不利な判定であっても、いつまでもそのことに固執していてもラチはあかない。それよりも自身の次のプレーをどう遂行するかイメージしたり、「次はできる」と自身に言い聞かせるといった対応で自身をコントロールする方が得策ということなのである。

そして、このように自身をコントロールできると、心理的にも落ち着き思考も明確で自信に満ちたものになるし、その結果として良い判断と共にいつもの動きが可能になり、自身のパフォーマンスもある程度予想できるようになる。ここまで論を進めてくるとブラジルチームのジルベルト選手の言葉が説得力を持つのである。

セルフコントロールのポイントは以下のようにまとめられる。

① 自分がコントロール出来ることに集中する
② 試合の限られた時間中で精神的なエネルギーの無駄遣いを避けるために、自分で「コントロールできること」と「コントロールできないこと」を整理しておく。

本書でもたびたび引き合いに出している松井秀喜選手。松井選手はメジャリーグにかける思いを幾度となく語っているが、以下のコメント（語る松井秀喜 from U.S.A.『朝日新聞』２００３年5月9日）から彼がイチロー選手と共に本節で述べてきたセルフコントロールに関して高い認識を有していることが理解できるのである。

「イチローさんは自分がここまでできる、これはできない、ということをしっかり把握し、できることに集中している選手だと思います。自分でコントロールできることと、できないことがわかっている、と言い換えても良いかもしれません。それを淡々とやり抜いているところがすごい。プレーヤーには大事なことで、僕が心がけていることでもあるんです」

さらに、松井選手は２００３年シーズン終了後、帰国後の日本記者クラブでの懇談会で「数字は今の実力として受け止めたいが、自分がコントロールできる部分については精いっぱいやったので満足している」と振り返ったのである（ハーフタイム『朝日新聞』２００３年12月3日）。いかに松井選手がメジャーリーグという大舞台でもセルフコントロールを実践できたかがうかがい知れるところである。蛇足になるが、結婚の予定について「自分でコントロールできる問題では？」と記者から突っ込まれると、「相手があることですからコントロールできません」と肩をつぼめたという。そこまでコントロールできることとできないことの識別が徹底しているということかもしれない。

2 試合に向けた生活の心得8ヵ条

さあ大会だ！　これまで様々な練習や準備をしてきた重要な試合がすぐそこにやってきたとしよう。しかし、昔の人は「九十九里をもって半ばとす」といっている。すなわち、せっかくいろいろな事をしてきても、試合を迎えたその時にどの様に考え、行動するかが大きな問題なのである。最後の最後に来てこけてしまっては何もならない。そんなことにならないように、試合を前にした今、思考面でも行動面でも以下の8ヵ条を肝に銘じておこう。もちろんこれまで本書で述べてきた様々なメンタルスキルを発揮するまたとない場面がきたことはいうまでもない。

①　目標としてきた大会といっても数ある試合の内の一つ

高校生でいえば、いよいよ春高バレーの県予選がやってきたとしよう。日本代表チームなら、オリンピックや世界選手権が始まるといったところであろうか。これまで目標にして練習してきた大会が本番を迎える訳である。もちろん周りのみんなの期待も大きいことと思う。

しかし、ここでちょっと考えてみよう。たとえば、春高バレーだからといっても他の幾つかある大会の内の一つにすぎないということである。確かに春高バレーはマスコミの注目度も高いしＯＢの期待感も高いのでこの大会にかける意気込み、目標の高さは他の比ではないかもしれない。しかし、コート上でパス、スパイク、サーブ、ブロック、レシーブ等、あなたが頑張らねばならないプレーは、普段高校の体育館でプレーするのと同じでどんな大会においても変わらないということを肝に銘じておこう。

適度な緊張感ならともかくとして、春高バレーでは他と違うプレーをしなければならないのだと特別な意識が首をもたげたあなたの心にプレッシャーという魔物が育つのである。

以下は、２００４年これまでのメジャーリーグシーズン年間最多安打記録２５７本を抜き去り最終的に２６２本まで記録を伸ばしたイチロー選手が4年連続出場を果たしたオールスター戦で二塁打を放った試合後のインタビューで語った言葉である。

「打席に立つ時の気持ちは公式戦と変わりません。打席に立って満足するような選手は、クビですよ。」

(http://www.asahi.com/special/ichiro/goroku.html 2004.7.13.)

一般的にいえば、メジャーリーグのオールスター戦であれば、日本人として出場するだけでも大変なものだと考えたくなることも無理からぬことかもしれない。しかし、イチロー選手は、オールスター戦の打席といえども普段の試合における打席と何ら変わらないと受け止めていることが分かる。さらに、オールスター戦なので選ばれただけでも光栄で、ましてやパフォーマンスはともかくとして打席に立てたことだけで十分と考える様であるならば選手失格である、とまで言いきっているのである。イチロー選手は普段のゲーム時と同じようにオールスター戦の打席場面を認知しているからこそヒットを生産することができるのである。もちろん、イチロー選手がメンタルスキルトレーニングを指導されていることはいうまでもない。

② いつもと同じ生活のリズム・ペースを保とう

翌日試合だから、今から試合だからといって特に食事をいつもより多く食べる、あまり食べつけない特別なものを食べる、普段しない散歩をする、普段と異なるアップをする等、いつもと違うことをやって自分のペースを崩さないようにしよう。特に縁起をかついでいる場合を除いてあまり効果は期待できそうにもない。逆にかえって自分のリズムを崩すことにもなりかねない。特別なことをしたくなるところには緊張が存在しているのである。そんな中で気休め的なことをしてもかえって過度な緊張を意識したり、体調を崩すことにもなりかねない。

重要なのは、普段通りに来るべき試合のための準備を万端整えてゆったりと構えるということであろう。いつもと同じことをやっているのだという気持ちを保つことにより安堵感が生まれてくる。ここでもルーティンの考え方が応用できる。元シアトル・マリナーズの長谷川滋利投手はセットアッパーとして活躍していたが、試合前に欠かさない以下のようなルーティンがあり、それを実行することによってリフレッシュした状態で毎回仕事に向かうことができると述べていた。

「試合前30分になったらユニフォームをキチンと着て、歯を磨いてスッキリする。そしてトレーニングルームに行ってストレッチをして、そして乱れたユニフォームをもう一度きっちりと着てからブルペンに向かう。[31]」

③　少なくとも試合開始3～4時間前には起床しよう

起きがけには手に力が入らないというように、筋肉も神経もすぐには目を覚まさない。心身共に完全に闘う態勢が整うまでに3～4時間は必要である。もし夕刻のゲームで昼寝をする場合も、試合開始時間から数えて3～4時間前には起床するようにしよう。試合場に向かうバスの中でも出来れば眠りこけないようにし、気持ちを維持することに注意したい。何故ならば、最適なパフォーマンスには至適な緊張が求められるからである。ウトウトと居眠りをした後は確かに気分的にはスッキリする。しかし、同時に何となく身体が怠いとか、重い感じがしてシャキッとしない感じになっていることに気が付くことがあると思う。要するにリラックスし過ぎた状態になってしまうので身体機能が十分に働かないということなのである。

④　試合に必要なものを準備万端整えて心にゆとりを持とう

たとえば、ユニフォーム一式（カラーも確認する）、シューズ、タオル、練習着、チームで個人に割り当てられたボール等の共通物品といった持ち物の準備が出来ているかを確認しよう。宿舎出発時間、練習時間、試合開始時間等のタイムスケジュールも確かめておく。出発時に問題が発生したり、試合会場に着いてから「あれがない」「これを忘れた」とイライラしたり焦ったりしたのではとても試合に集中できない。ユニフォームやシューズなど商売道具を忘れるはずがない、と思うかもしれないが、試合会場に行ったらバッグに入れたはずなのに入っていなかった……なんてことが起こることは決して希ではないのである。

また、必要ならば試合会場内外の雰囲気や状態を事前に確認しておくことも会場に対する事前の準備として重要であり、会場に対する不慣れから生じるトラブルを防ぐことにつながる。大学受験で前の日に下見をすることと共通する部分がある。試合会場の場合、実際に下見が出来ればそれが一番良いが、何かの機会に撮ったＶＴＲでも体育館の設備等の配置図でも結構役立つものである。

⑤　メンタルリハーサルをしてみよう

少し時間にゆとりがあるときは音楽でも聴きながらリラックスしよう。そして、できれば宿舎を出発するところから試合会場の様子、控え室ですること、さらには、今日の試合相手の特徴、作戦や試合の運び方を一通り頭の中で考えてみよう。すべきことの確認にもなり、心のゆとりに通じる。試合に関するシミュレーションが万全なら、後はそのシミュレーションに従って行動したりプレーするのみである。

⑥　試合の前に聴く音楽はアップテンポなものにしよう

出発前に、またはバスの中で、もしくは控え室で、等試合の前にリラクセーションスキルを用いて自分の気持ちを整えることは大切であるが、その他自分の好きな音楽を聴くのも気持ちを落ち着かせるには良い。ただし、初めはスローテンポな曲でも良いが試合が近づいてきたら映画「ロッキー」（少し古いかもしれないが……）のテーマ曲に代表されるようなディスコティックでアップテンポの曲を聴いて今度は気持ちを高ぶらせるようにしよう。戦いには、いれ込みすぎて何も分からなくなってしまうのは困るが、ある程度の興奮状態が必要なのである。

⑦　試合前には他のゲームを見ないようにしよう

試合後ならともかくとして、試合前にはできるだけほかのゲームを見ないようにしよう。下手に気にして観戦していると余分な方に注意が向いてしまう。今は当面の敵、これから試合をする相手に関してのみに注意を向けることの方が重要である。そのための情報は既にスカウティングを基にスタッフから与えられているはずである。控え室でストレッチングでもしながらこれからのゲーム展開や作戦をイメージしてみよう。それこそ先に述べたメンタルリハーサルにつながる。そうして少しずつ自分の闘志をかきたて自己の感情をコントロールし、試合に備えていくのである。

⑧　自分の調子の良かった時のことしか考えない

試合直前になって、技術的にここを直そう、ジャンプ力がもう10㎝あったら……、身長がもう20㎝高かったら……というようなことを考えてももう遅い。ここまできたら、もうやるしかないのである。どうせやらねばならないのなら、無駄なことを考えるよりは、自分の能力を信じ、試合にプラスになるように考える方が得である。ゲーム展開をイメージする場合も、自分の調子の良かった時の姿を、うまくプレーできている時の姿を思い浮かべ、「自分はうまいんだ」「自分だったらできる」と自信につながるように考えよう。目指すは、コーチングスタッフ、チームメイト、そして自分を信じ、現在の自分の持っている全能力を今の試合に出し切ること、完全燃焼することなのである。

試合前、トイレに行って用を済ませたら、洗面所の鏡で自分の顔を見直そう。緊張感があるようなら少し顔をマッサージしてスマイルしてみる。そして、「よし、できる！」と語りかけたら、さあ試合に臨もう。

3 試合間の過ごし方の心得3ヵ条

たとえば、Vプレミアムリーグの場合を考えてみよう。試合はほぼ5ヵ月間強にも及ぶ長い期間である。したがって、身体的なコンディションと共に心理的にもリーグとうまく付き合うことによりストレス等をためないようコンディションを維持していくことが肝要となる。ここではリーグ戦形式のような、試合が単発的ではなく一定期間継続するような大会において、各試合間にどんなことに注意すれば良いかを考えてみる。

① 前の試合の結果を引きずって次の試合を迎えない

リーグでは何回かの総当たり戦で試合予定が組まれている。したがって、リーグが進むにつれてリーグ内の順位がハッキリしてくる。しかし、ここで重要なのは選手であるあなたは必要以上に「結果」を意識する必要はないということである。それはチームに任せておこう。それよりも、1戦1戦が全て初戦のつもりで全力でプレーすることの方が肝心である。勝った試合や前の良かったプレーはイメージとして残しておいてもじゃまにはならないが失敗したことはできるだけすぐに忘れてしまおう。それよりも目の前に迫った次の試合でどうプレーするかを考えることの方が重要である。いくらうまくいかなかったことを考えても過去の結果を書き換えることはできないのである。

② 試合の無い日には思いきりリラックスを

リーグ戦は長丁場である。したがって、その間ずっとバレーボールに注意を集中し続けることは至難の技だと思われる。しかし、少なくとも試合がある日には神経を研ぎ澄まさなければならない。そのためには、試合の無い日や休日に思いきりリラックスすることが大切である。練習があるとはいっても一日中やる訳ではないと思う。近くを散歩したり、ちょっとしたショッピングに行ったり、美術館で絵画を鑑賞したり、等バレーボールを考えない時間を少しだけ努力して作ってみよう。体力面と同様に、精神的な疲労の回復をはかり、そして次の試合に注意の焦点を向ける。こうしたことがトータルにみてリーグ戦中の集中力を持続できることにつながるのである。

③ 自分のためにプレーしていることを忘れずに

大会が進むとそれなりの結果が明らかになってくる。それにより、バレーボール部関係者、もっと大げさにいえば学校・会社関係者全員が一喜一憂しているかもしれない。関係者の喜んでくれる気持ちも大切にしたいものである。しかし、だからといってそれらの人たちの期待に応えるためにあなたはバレーボールをしている訳ではないであろう。いたずらに、期待に沿うべく良い結果を残さなくては！　と考えすぎることは自分で自分にプレッシャーをかけることにつながり、萎縮を招くことになりかねない。あくまでも練習で培った全ての能力をこのリーグ戦で相手チームに対して出し尽くすことを考えよう。それも他ならぬあなた自身のために。事実、好成績を収めればヒーローになるのはあなた自身なのである。あなたがすべきことは「以球伝心」である。

©FIVB

第4章

運動学習理論に基づいたコーチング

1　コーチングが意味するところ

スキルをどう効果的に身につけるか

様々な辞典等[35]を総合すると、コーチ（Coach）とは、はじめてこの馬車が用いられたハンガリーの村の名（Kocs：コーツ）に由来するものとされており、馬車、バス、客車、等の本来の意味と共に、今日ではスポーツ等におけるコーチ、実地指導者（trainer）、師範（instructor）等の意味で用いられることが一般的になっている。この後者の意味は、指導を受ける者（たとえば、選手やチーム）を運ぶ道具に指導者を見立てたところから用いられるようになったものである。したがって、コーチングを「大切な人をその人が望むところまで送り届けるための様々な営みの全体」と捉えると、コーチとは「専門的知識を基にコーチングを行う任を担う人」というように解釈できよう。

さらにいい換えると、スポーツにおけるコーチにとっては、自らの経験や知識、指導能力等を生かして、練習や試合といった競技生活（その他、時として一般生活を含む場合もある）において、選手もしくはチームの良いところを認める、それを伸ばす、更なる可能性を引き出す、といったことにより、選手もしくはチームが当初の目的を達成できるように最善を尽くして介入・支援すること、すなわちコーチングを行うことがその活動の全体と考えられる。

　そこで重要となることは、コーチはコーチングに際して選手が効率的に発展するために様々な工夫や努力を施すことが責務であり、そこでは経験や他者の模倣のみではなく、ある程度科学的理論を背景にすることが求められることは当然である。

　２００１年12月26日～12月１日、東京において２００１アジアコーチセミナーが行われた。このセミナーはＦＩＶＢが最近沈滞気味のアジア地域の競技力のレベルアップを目論んで、日本、韓国、中国でそれぞれ１週間の日程で開催されたものであった。講師には元イタリア男子監督フリオ・ベラスコ氏、元アメリカ男子監督ダッグ・ビル氏、元オランダ男子監督ヨープ・アルベーダ氏の各氏がそれぞれ２日ずつ担当した。いわずと知れた３氏ともオリンピック等で世界の頂点に立った経歴を持つトップの指導者である。もちろん受講者サイドも、男女ナショナルチーム監督を始めとした日本のさまざまなカテゴリーのトップの指導者が１００人以上も集まったことを考えると、これまで我が国で開催された各種研修会とは全く質を異にしたものであったことは容易に理解できるところであろう。

　セミナーはそれぞれの講師が領域を分担して世界を制覇した際のノウハウの一部を講義と実技を通して講習した。この講習会で筆者が特に関心を持ったのはヨープ・アルベーダ氏の「メンタル：選手に対する近代的アプローチと心理学の役割」というタイトルの講義であった。もちろんタイトルが示すように、スポーツ心理学の諸側面を考慮した科学的指導の重要性を具体的に指摘したものであった。メンタルトレーニングにも言及し、オランダがスポーツ心理学者とタイアップして強化を続けてきた経緯が明らかにされたのである。

さらに、ダッグ・ビル氏は「バレーボールに精通しているスポーツ心理学者によるメンタルサポートなら受け入れるべきであり、効果も期待でき重要である」と個人的会話の中で語っていた。

2　バレーボールがうまくなるとはどういうことか？

我々指導者が日々の練習を行っているのは選手の技術向上、さらには、チーム力の向上を目指したものであることはいうまでもないことである。すなわち、選手に少しでも上手くなってもらいたいと考えて、練習に様々な工夫を凝らしているはずであり、それによる各選手の上達がひいてはチーム力の強化として結実するのである。

この練習という一定の訓練・経験によって選手という個人のバレーボール技術に代表される運動動作が向上する（上手くなる）過程は、「学習（learning）」と呼ばれが、そのうち特にバレーボールの練習のように、筋の反応や運動機能に関連した学習は「運動学習（motor learning）」と称され、言語的材料を主に用いる言語学習とは区別されている。また、運動学習によってバレーボールの諸技術が個人に獲得されたときには技能（Skill）と呼ばれ、指導等によって受け渡し可能な技術が個人に内在化され他者には受け渡し不可能な能力となっていくのである。

　このような技能は、もちろん前述のように日々の練習の積み重ねによって獲得されるものではあるが、ただいたずらに練習の量だけを重ねれば良いというのもではなく、やはりどのように練習するかといった練習のやり方・質も考慮されなければ練習の効率にも関係して明確な進歩は期待できない。したがって、指導者に課せられた課題は、各選手の技能の習得を促すためにはどんな練習方法を用いたら良いのかを考え、日々の練習を組織化することである、といっても過言ではない。

　すなわち、この練習の質を規定している原理や原則と呼んでも良いものがあり、それらは運動学習と呼ばれる運動科学の一領域に属するものである。そして多くの研究成果は、指導者がこれら運動学習の諸原則を適用することによりコーチングの有効性が向上することを指摘している。逆にいえば、我々指導者が様々な練習方法を用いるときに、どうしてそのような練習方法を選択したかといったことに関して、自身の経験や他の強いチームに倣って……ということ以外に、運動学習の諸原則に代表される理論的根拠を持たねばならないということになる。

　そこでここでは、バレーボールの指導に関わる運動学習の諸理論について概説することによって、日頃指導に携わっている指導者の方々が自己のバレーボールそのものに対する考え方や練習法に関して少しでも異なる角度から評価・整理・構築、等様々な再考をするきっかけになることを期待して論を進めたい。

なお、本章でふれる運動学習に関する諸理論は決して目新しいものではなく、従来からスポーツ心理学の領域では述べられていたことではある。しかし、実際のコーチングに際してどの程度それら諸理論が応用されていたかというと、残念ながらこれまで理論と実践の間には大きなギャップがあり、両者は別個に論じられていたという事実は否めないところであろう。今後理論と実践が連係し、効率的なコーチングが実現することを願って止まない。

また、本章では運動学習に関する各理論に関して概論を述べるに留まるが、学習理論と指導理論の詳細については、「バレーボール　コーチングの科学」（カール・マクガウン編著、ベースボール・マガジン社、１９９８）[6] に詳しいので参照されたい。

3　バレーボールの指導と運動学習諸理論の関連モデル

図11は、練習や個々のドリルを進めるに当たっての基本的原則とそれらの原則を支持する運動学習諸理論の関連を模式的に示したものである。我々が練習を進める際にはこのモデルに示した各事柄によく留意する必要がある。すなわち、以下の4項目が運動学習の関心事となる。

(1)　目標を提示すること

選手にどのような技術を身につけてほしいかの情報を明確に示すことにより、選手を動機づけることができる。そのためには、示範（デモンストレーション）の有効活用とキーとなる手がかりを与えることが重要である。

　動作を示範することによってイメージという形で情報を導入することができ、「百聞は一見に如かず」ということわざが示すように、言葉で説明するよりも学習をより効率的に推進することが可能となる。

　また、手がかりと呼ばれるパフォーマンスに関する様々なヒント・きっかけとなるものを用いることも学習を向上させる。ただし、手がかりは短く簡潔に、また、一度にすべての手がかりを提示するのではなく、適切な順序で一つひとつ解決したら次に移るようにすることにも注意が必要であ

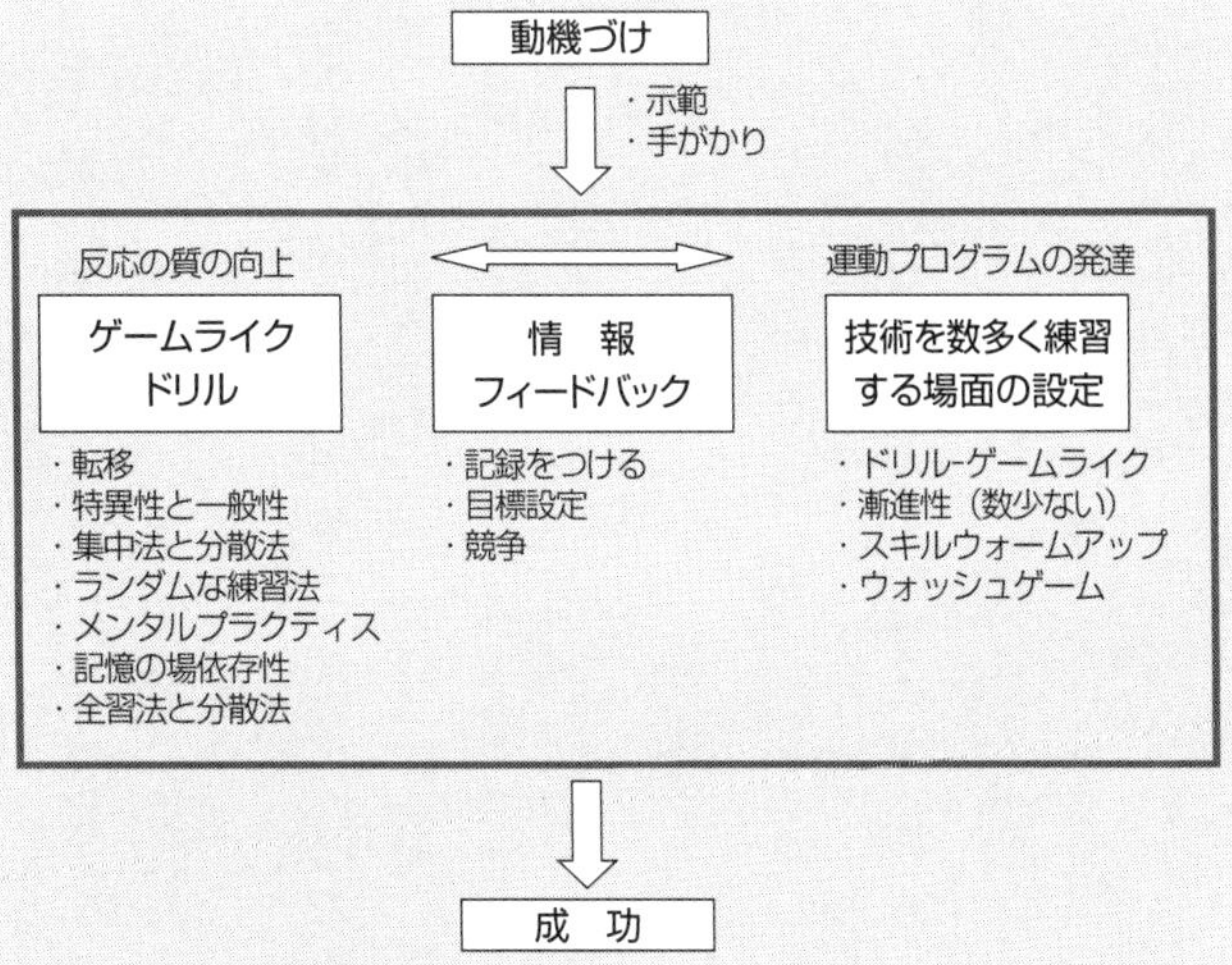

図11　運動学習理論を念頭においたバレーボールのコーチングモデル

る。

たとえば、アンダーハンドパスの指導の際の手がかりとその提示手順として、①両手首と手を一緒にする、②前腕でボールをヒットする、③肘をまっすぐに保つ、④ボールに正対して腕を目標に向ける、という4つをマクガウンは挙げている。[6]

なお、練習の始めにチームの選手全員を集め、前もって記入しておいた黒板上の練習に関する必要な情報（メニュー、タイムテーブル、グループを作るための選手の組み合わせ等）について説明し、選手たちにこれから何をやるのか、どう練習が進むのか等に関する心理的構えを作らせてから練習に入る、というようなことも目標の提示につながる。普段の練習でややもすると疎かになりがちな部分、留意すべき重要なポイントと言えよう。

⑵ ゲーム状況を作り出す：ゲームライクドリルの工夫

ゲームにおいて発生するような場面や条件をできるだけ練習場面でも設定することが重要である。さもないと、「練習時には試合のつもりで、試合時には練習のつもりで」ということも絵空事になりかねない。ソウルオリンピックのバレーボール金メダル・アメリカ男子マーブ・ダンフィー監督は、「最もいいレシーブ練習は、レシーブ（Pass）―トス（Set）―アタック（Hit）であり、最もいいトス練習もP―S―Hであり、最もいいスパイク練習もやはりP―S―Hである」と述べているくらいである。

ここで関連する運動学習理論は、「運動学習の転移」「ランダムな練習の有効性」「全習法」「記憶の状況依存性」等である。

⑶ 情報フィードバックの活用：スコアをつける、競争場面を設定する

それぞれの練習において記録やスコアをつけることは、プレーのできばえの評価、プレーの調子の客観的データの蓄積につながるし、次への目標設定にも有用である。また、練習における得点設定やペナルティー等を目標として設定して競争意識を高め、練習時においても試合時に類した緊迫感を作り出すことに役立つ。

ここで関連する運動学習理論は、「動機づけ」「運動学習の転移」「記憶の状況依存性」等である。

⑷ 反応回数の確保

スキルウォームアップやリトルポイントシステム等を用いてできる限り多くボールにさわる機会を確保することは運動プログラム上達のためには好都合である。当然のこととはいいながら、繰り返し練習しない限り技能は向上しないということになる。

ここで関連する運動学習理論は、「技能の特異性」「全習法」「反復練習の必要性」等である。

4　運動学習の諸理論の実際

次に、前述した関連する運動学習の諸理論とそれに関連するバレーボールのコーチングに関して簡単に考えてみよう。

1　すべての競技に共通した運動能力は存在するか?

たとえば、野球が上手い人はバレーボールも上手くできるであろうと思うように、私たちはどんなスポーツにも通じるような共通した運動能力が存在すると考えるかもしれない。このことはこれまで、技能の一般性（generality）と特異性（specificity）の問題として取り上げられてきたが、近年では、諸能力はある課題もしくは活動に対して特異的なものである、という特異性の考え方が優位となっている。すなわち、個々の運動に必要とされる運動プログラムは異なっているということであり、たとえば優秀な野球選手といえども必ずしも優秀なバレーボーラーではない、ということになる。したがって、各スポーツ競技に必要な特異な技能がある訳なので、バレーボールが上達するためにはバレーボールに直接的に結びつく練習方法が必要ということになる。たとえば、いくらアップのためとはいえ準備運動としてサッカーやバスケットボールを行うことは、バレーボールの技術の向上には全く貢献しないということになる。さらに、もしパス力アップとしてバスケットボールを用いたオーバーパス練習を行ったとしても、これはバスケットボールを用いたパスのための運動プログラムを発達させるものであり、決してバレーボールを用いたオーバーハンドパスのための運動プログラムと同じものではないということを肝に銘じておかなければならない。

また、このことは、一般的な運動能力テストで測られたものが直接的にバレーボールの技能を保証しないという点につながることにも注意が必要である。垂直跳びで測定されたジャンプ力は必ずしもスパイクジャンプ高やブロックジャンプ高を保証しないのである。なぜならば、それぞれのジャンプには技術が関連しているからである。

２　練習がゲームで生かされているか？

スポーツにおいて、過去の練習経験やスポーツ経験が次の運動経験（運動学習）に有効に働いたり、もしくは逆に妨げとなったりする場合がある。このような現象は「練習（学習）の転移（Transfer of Training）」と呼ばれている。そして、転移の量は両課題の類似性に関係するといわれている。たとえば、軟式テニス経験者が硬式テニスを練習しようとした場合、当初はコート感覚やネット感覚、さらにはラケットを用いる、等の点では類似性が高いと考えられるかもしれない。しかしながら、実際には軟式テニスのラケットの振り方、面の使い方、ボールの弾み方、飛び方は、硬式テニスのそれらとは全く異なるものであり、ここではポジティブな転移は考えにくいのである。このことは、前述した運動技能の特異性と関連する。

実はバレーボールの技術でもこのことと同様なことが当てはまる。すなわち、練習したことが試合時に発揮できることも練習から試合への練習の転移の問題と考えられており、ここでは課題の類似性は高いのでポジティブな転移が期待できるはずなのである。そのためには、月並みな言い方にはなるが、練習は、常にゲームを想定しながら計画・実行しなければならない、ということになる。つまり、どのくらいゲーム場面で発生する状況を練習場面で設定できるかということが問題となるのである。たとえば、レシーブ練習で、一般的に「シートレシーブ」と呼ばれるコート半面を利用しての練習がある。どのような目的でこの練習を行うかにもよるのでこの練習法の是非論はさておき、一般的にレシーブ力をアップするための練習とするならば、試合時でのレシーブ力に転移する量はあまり期待できないということなのである。なぜならば、実際のゲームではボールはネットを越えてくるし、相手のトスボールやスパイカーの入り方、さらにはブロックとの関係で、様々なコースや質の違うのボールが飛んでくるからである。すなわち、シートレシーブ練習のように、ネット越しではなく自コートのレフトやライトサイドから打たれるボールはゲーム中には有り得ないということなのである。したがって、ネットをはさんだゲームライクの練習場面の設定が求められるのである。

3 練習成果が期待できるランダム練習

たとえば、レシーブ練習をする際に、コーチから打たれたボールを連続してレシーブするという練習は、ボールがでる場所、レシーブする場所、返す場所がほとんど決まっている。このような練習は型にはまった練習（ブロックド練習）といわれている。それに対して、ネット越しに相互にスパイクしあいながらその中でレシーブを強調した練習は、状況によってボールがでる場所、レシーブポジション等も異なるし、さらには用いなければならない技術（アンダーハンドorオーバーハンド、ワンハンドorボースハンド、トス、スパイク等）も多様になる。このようないくつかの技術がまとめて練習できるような練習は変化性を導入した練習（ランダム練習）と呼ばれている。練習の過程では若干ブロックド練習の方が効果の見られることもあるが、最終的にはランダム練習の方が各技術は上達することが分かっている。これは「文脈干渉効果」と呼ばれるものである。よく考えてみると、試合においては、各技術はブロックド練習のように、いつも同じところから同じ質のボールが飛んでくる、というように変化しない状況下で遂行されることはなく、これでは実際にゲームに練習成果が転移することは期待できない。指導者は、選手が実際に試合になって経験のない予期せぬ場面に遭遇しないように、そういった場面をランダム練習によって練習時から設定することが求められるのである。ここでも大切なことは常にゲームに即していること、すなわちゲームライクということになる。

4 技術練習は全習法が原則

これは、スパイクについていえば、全体としては、助走―ジャンプ―腕の振り―ボールヒット―着地といった局面が考えられるが、これら全局面を通して練習する方法を「全習法（Whole practice）」と呼び、各局面の部分部分を別個に練習する方法を「分習法（part practice）」と呼んでいる。もちろん技術の何が全体で何が部分なのかを明確に区別することは容易ではないので単純には論じられない面もある。たとえば、スパイク技術を、①壁に向かって腕の振りを行う、②ボールを使わず助走の練習をする、③両者を組み合わせる、といったようなものが分習法とするならば、始めからボールを使ってトスされたボールをスパイクするという練習が全習法と考えられる。ところが、スパイクという技術は上記の各局面だけではなく、タイミングに代表されるような他の質の異なる要素も求められるので、始めからこれらを含めて練習しない限りいくら各部分局面が上達しても一連の技術動作としては連係がとれないことが考えられる。このことはこれまでの研究の成果からも支持されている。したがって、始めからトスされたボールをスパイクするという全習法を原則とすることが大切で、その上で、たとえば腕の振りや助走等の個々の要素に関しては前述した適切な手がかりを授けながら過程の中でポイントを絞って練習していくことが重要といえるのである。

5 技術練習ではその場の気分・雰囲気も一緒に記憶される（身につく）

我々が練習をする際に、選手は技術に関連した情報のみならず練習時の気分や雰囲気等に関する情報も同時に記憶として蓄積される、ということが認知心理学の知見として明らかになっている。前述したが、これは、記憶するということは「状態依存的（state dependent remembering）」として参照されていることであり、このために、学習された技能は、練習時の環境や情緒的な状態と同じような状態下ではよりよく発揮される、ということが予測されるのである。この例としては、競技経験の乏しい選手ほど大観衆の前ではうまく実力を発揮できないとか、体育館が変わるとプレーがうまくいかない、といったことに見て取ることができよう。

したがって、練習では、常にゲーム状態に近い雰囲気や場面を作り出すことが求められるのである。たとえば、練習が競争的でなければ実際の試合で相手と競り合うことには転移しない。練習をより競争的にするにはスコアをつけたり、何らかの技術的目標値を設定したり、負けサイドにはペナルティーを導入したり、と競争の原理を利用した様々な工夫をすることが重要なのである。

6 繰り返し練習の必要性とその具体的方法

前述のように、プレーの向上のためには繰り返し練習（ドリル）が欠かせない。それもできるかぎりボール等に触る機会、すなわち、「プレー・反応する機会」を多く保証してあげることが指導者に課せられている。そのためには、たとえば次のような方法が考えられる。

①　スキルウォームアップ

技術練習を始める前にウオームアップを行って、心身のコンディションをアップさせ主練習に備えることは至って当然のことであろう。我々は、一般的にランニング等によりこのことを行っていると思う。しかし、体温を上昇させることがウォームアップのポイントであるとするならば何もランニングだけがその方法ではない。その代わりにボール等を用いた技術練習を行っても十分に身体は温まるはずである。ここで確認しておかねばならないことは、ウォームアップが必要ではないということではなく、ウォームアップとして技術練習を行うのであり、マクガウンはこれを「スキルウォームアップ」と呼んでいる。[6]普段練習時間がないと嘆いている指導者の方には、アップと共にボールに触れる機会を増やすことにつながるので是非とも参照していただきたい。具体的には、後述する、たとえば「King of the Court」形式の練習を10分程度行った後ストレッチを行うといったやり方になる。すなわち、「King of the Court」形式の練習がスキルアップを目的としていることはもちろんであるが、それ以上にウォームアップとしての意味合いが大きく、この場合、運動強度を弱→強に徐々に高めていくことを忘れてはならない。

②　個別指導の機会の確保

技術練習の際に指導者と1～3人程度の選手だけが練習する、といった個別指導形式をとることも、ごく少数の選手しかそこにいないので、実際に各選手は多くの反応の機会を得ることができる。加えて、指導者から各個人が多くのフィードバックを得ることも可能となる。もし、コートが複数使用できる状況があるなら、それらを使用することによっても個別指導の機会は作ることができる。

③ 6人にこだわらない小グループ編成

実際に試合は6人対6人で行われるので、当然このような練習場面はある程度求められるところであろう。しかし、確認しておかねばならないことは、6人対6人で練習を行っている場合には各選手のボールに触れる機会は限られてしまうということである。したがって、2対2、3対3、といった小人数グループでゲームライクの練習を行えば、当然6対6よりもボールに触れる確率は高くなることは容易に理解できよう。

④ 連続して得点することを課題とさせる

ロサンゼルスオリンピック金メダル監督で長年アメリカ男子バレーボールチーム監督をつとめたダッグ・ビルは、通常は1回の決定で終了するラリーを2回、3回……と連続して獲得しないとポイントとならないような練習状況を考え出した。このような練習は「ウォシュゲーム」と呼ばれ、プレーの中に追加してボールを投げ入れることにより、連続して反応する機会を作り出すように考えられている。具体的には以下のように行われる。

(ア) ボールがサーブ等によってインされ、そのラリーが終了するたびに、コート外から直ちに次のボールが入れられてプレーを継続する。

(イ) もし課題が連続してラリーを2回ものにするというものであれば、最初のラリーを勝利したサイドは2回目のラリーを連続して決めればポイントとなる。

(ウ) もし初めのラリーをものにしたサイドと2回目のラリーをものにしたサイドが異なる場合には得点は記録されず「ウォシュ(お流れ)」となる。

5 実際の練習内容

これまでバレーボールの練習場面で考慮されるべき運動学習諸理論の概要に関して考えてきた。次に、これら諸理論をベースにした種々の練習法の実際について具体的な練習内容(ドリル)を整理したのでその主なものを紹介したい。

1 King of the Court

〈練習目的〉

ゲームライクな場面でのスパイクとレシーブの練習。スキルウォームアップとしても活用できる。

〈練習方法〉

① チャレンジコートからサーブを打ち始める。

② どちらのチームがラリーに勝っても、勝った方にポイントを入れる。

③ チャレンジコートのチームがラリーに勝ったら、チャレンジコートにいたチームに1点ポイントを入れ、キングコートに移動する。キングコートにいたチームはチャレンジコートグループの後ろに並ぶ。

④ キングコートのチームがラリーに勝ったら、キングコートのチームに1点ポイントを入れ、チャレンジコートの側方のコート外からチャレンジコートのチームにチャンスボールを入れて攻撃させる。

⑤ チャレンジコートのチームが決めれば③と同様に行なうが、キングコートのチームがラリーに勝ったら、キングコートのチームに1点ポイ

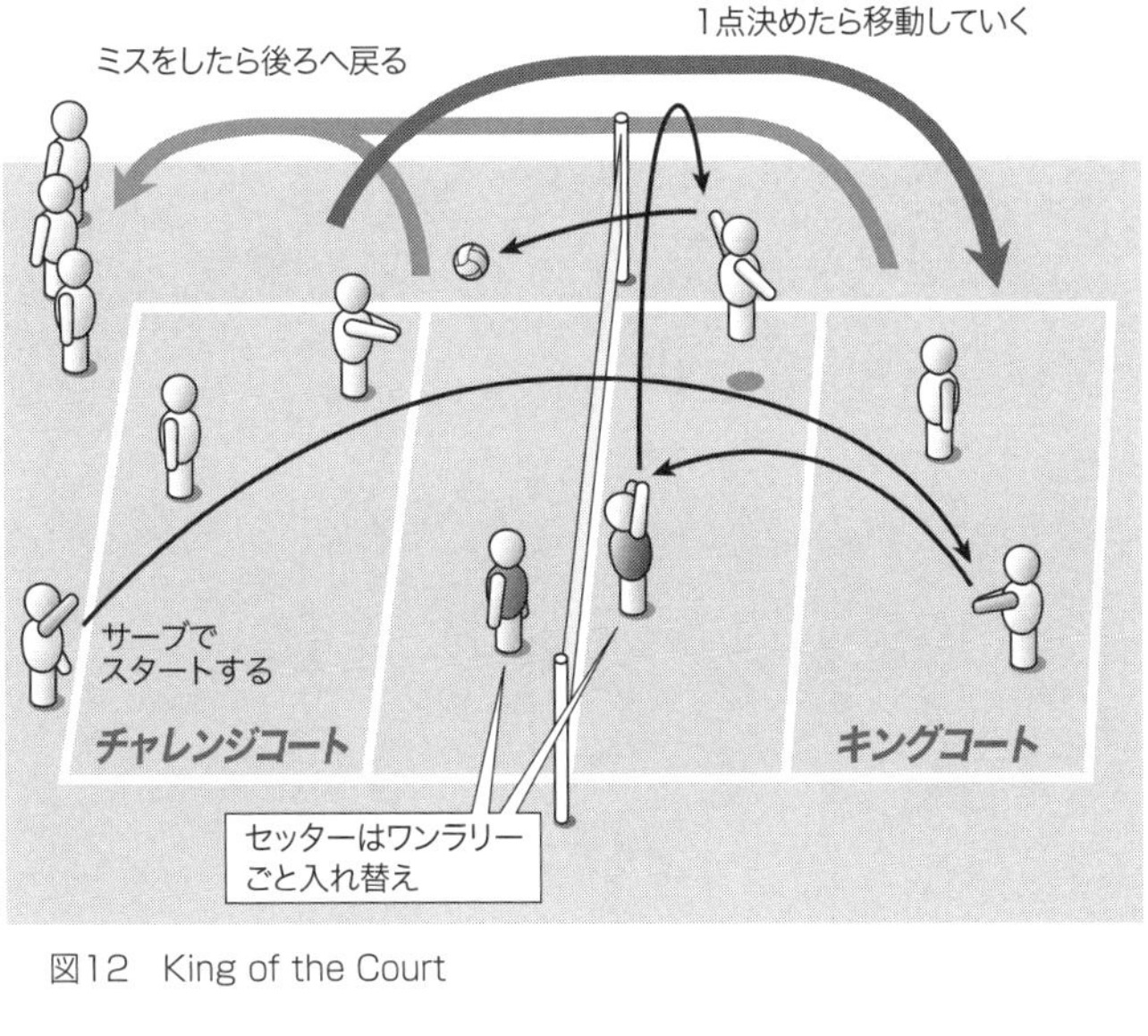
1点決めたら移動していく
ミスをしたら後ろへ戻る
サーブでスタートする
チャレンジコート
キングコート
セッターはワンラリーごと入れ替え

図12　King of the Court

ントが入り、チャレンジコートのチームだけが交代する。

※セッターは2人で行い、ワンラリーが終わったらコートサイドを交代してトスを上げる。

〈得点方法〉

① どのような状態であってもラリーに勝ったチームに1ポイント入る。

② ラリーに勝ち、チャレンジコートからキングコートに移動するときも1ポイント入り、キングコートに移ってからラリーに勝っても1ポイント入る。チャレンジコートからスタートし、キングコートでも全てのラリーに勝つと合計3ポイント取ったこととなる。

③ このように得点計算を行っていき、トップチームの得点を基準として、そこから自チームの得点を引いたものに、たとえば5倍した回数腹筋、背筋、腕立て伏せ等をペナルティーとして行い競争意識を高める。

〈備考〉

両コートのセッターを交代させるのは、セッターの技量の差をなくすためである。また、セッターのスコアを記録すれば、セッターの技量の比較もできる。

2 レシーブ練習

〈練習目的〉

ゲームライクな場面でのレシーブ練習で、バックアタックを使うのは球足を長くするためである。

〈練習方法〉

① チャンスボールをディフェンスチーム側のコートの外側からオフェンスチームに投げ入れスタート。

② オフェンスチームとディフェンスチームに分かれ、ラリーを行なう。攻撃はバックアタックのみとする。

③ 相手アタックをレシーブすることが出来たら1ポイント、次いでそのボールをつなぎスパイクを決めることが出来たら、さらに1ポイント入る。ミスはマイナスとして計算し、1位チームの得点から自チームの得点を引いた点数に5倍（倍数は状況によって設定）した回数の様々なエクササイズをペナルティーとして行なう。

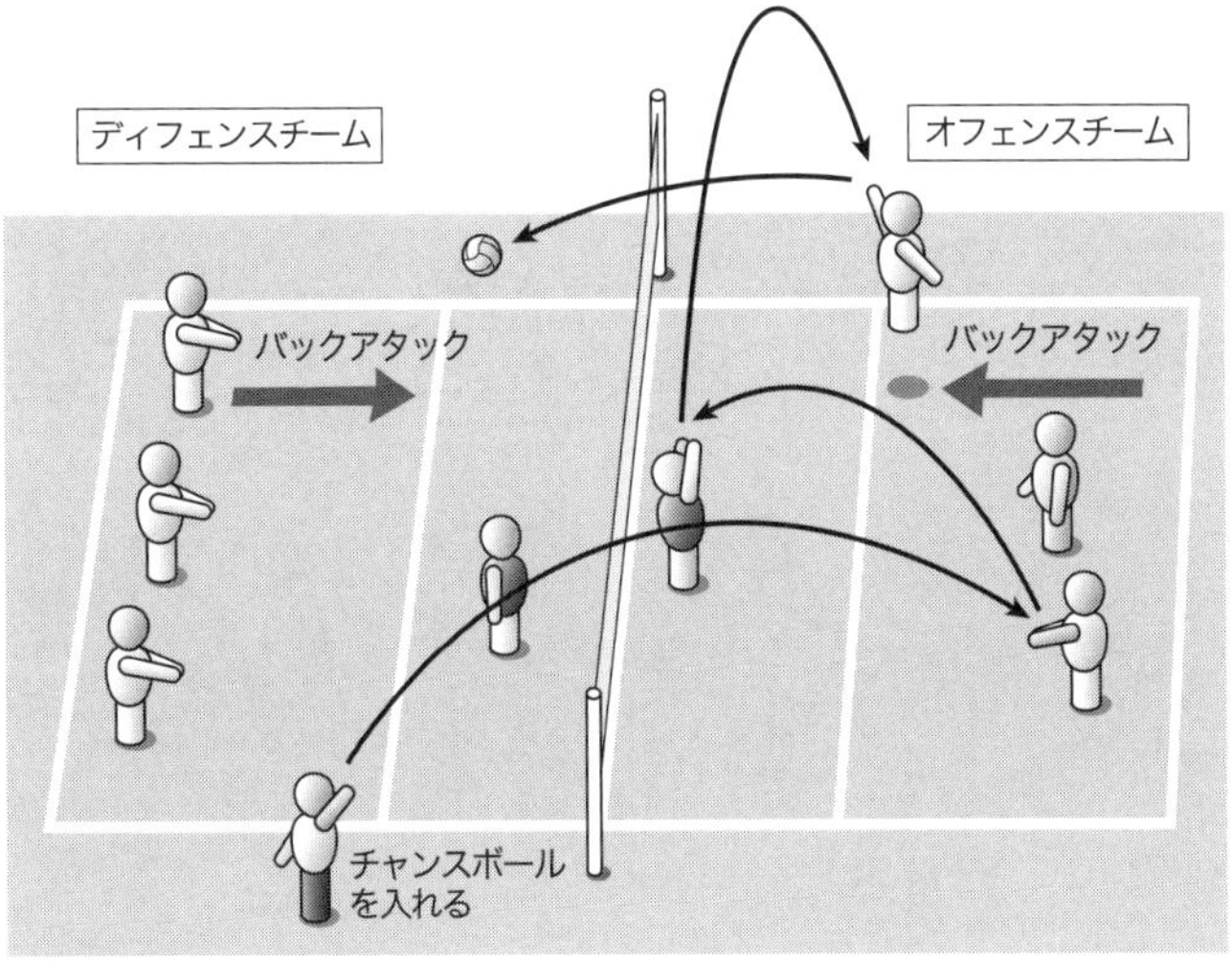

図13　レシーブ練習

④ 4分程度で行い、攻守交代、チーム交代する。

※セッターは、両コートに固定しておく。

3 バックアタックからのレシーブ

〈練習目的〉

レシーブ練習にブロックを加えて行うことで、ブロックとレシーブとのコンビネーションを養う。

〈練習方法〉

① ディフェンスチーム側の側方のコート外から、チャンスボールを投げ入れてラリーを始める。

② オフェンスチームとディフェンスチームに分かれ、ラリーを行なう。攻撃はバックアタックのみで行う。

③ この際、時間制でその時間終了後、前後もしくは攻守交代をし、また同じようにラリーを行なう。交代方法としては、図14ではBとCが前

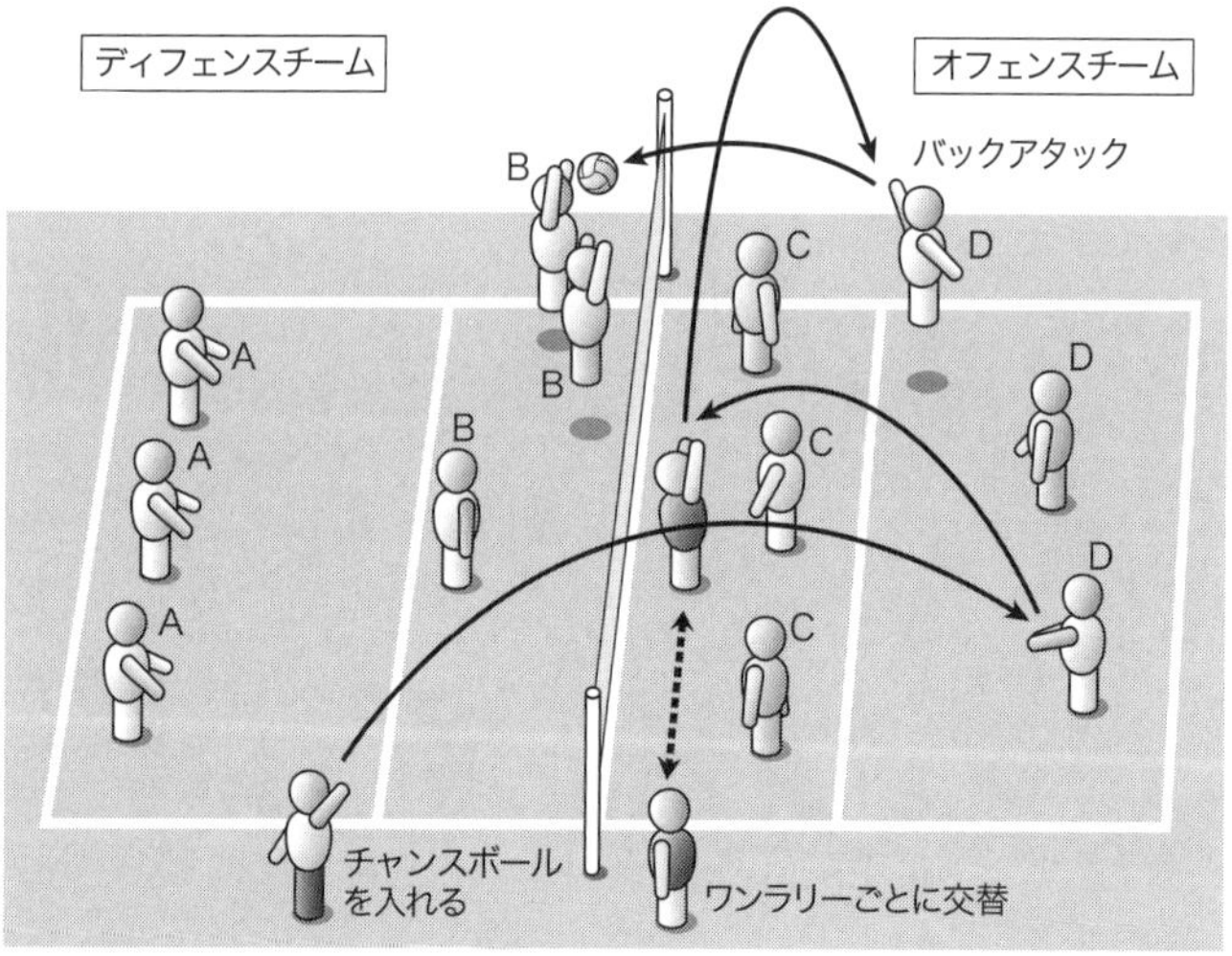

図14　バックアタックからのレシーブ

衛で、CとDがオフェンスチームになっているが、次の時間では、AとBがオフェンスチーム、AとDが前衛でBとCが後衛という様に入れ替える。

④　両コートとも、ブロック・スパイクなど全てがポイントとしてカウントされる。

⑤　得点の入れ方として、横の列を一つのチームと考え、ラリーに勝ったサイドの2チームに1ポイントを入れる。また、得点の計算方法としては、自チームのポイントからミスの本数を引く。そして、ポイントを一番多く取ったチームを基準とし、そのポイントから自チームのポイントを引いた数だけペナルティーを行なう。

※セッターは、オフェンスサイドでトスアップしワンラリー終了ごとに交代する。

※オフェンスチーム・ディフェンスチームと分けているが、最初のチャンスボールをとることのできるチームをオフェンスチームとしているだけで、ディフェンスチームも攻撃を行って良い。

4　サーブレシーブからレフトプレーヤーの強化を図る

〈練習目的〉

レフトプレーヤーの攻撃に限定することでレフトアタッカーの強化を図る。

〈練習方法〉

①　サーブを交互に打ち合う。

② サーブレシーブは4人で行なう。

③ サーブレシーブからの攻撃は、レフトからの攻撃のみとする。

④ スパイクに対して、ブロックは1枚（セッター）つく。

⑤ スパイクレシーブは、レフト・セッターのどちらかを含んだ4人でレシーブをする。

⑥ スパイクレシーブが上がった場合はどこから攻撃しても良い。ただし、レフト攻撃以外は、バックアタックでなければならない。

⑦ 得点方法としては、ラリーに勝つと1ポイント入る。

5 サーブレシーブからセンタープレーヤーの強化を図る

〈練習目的〉

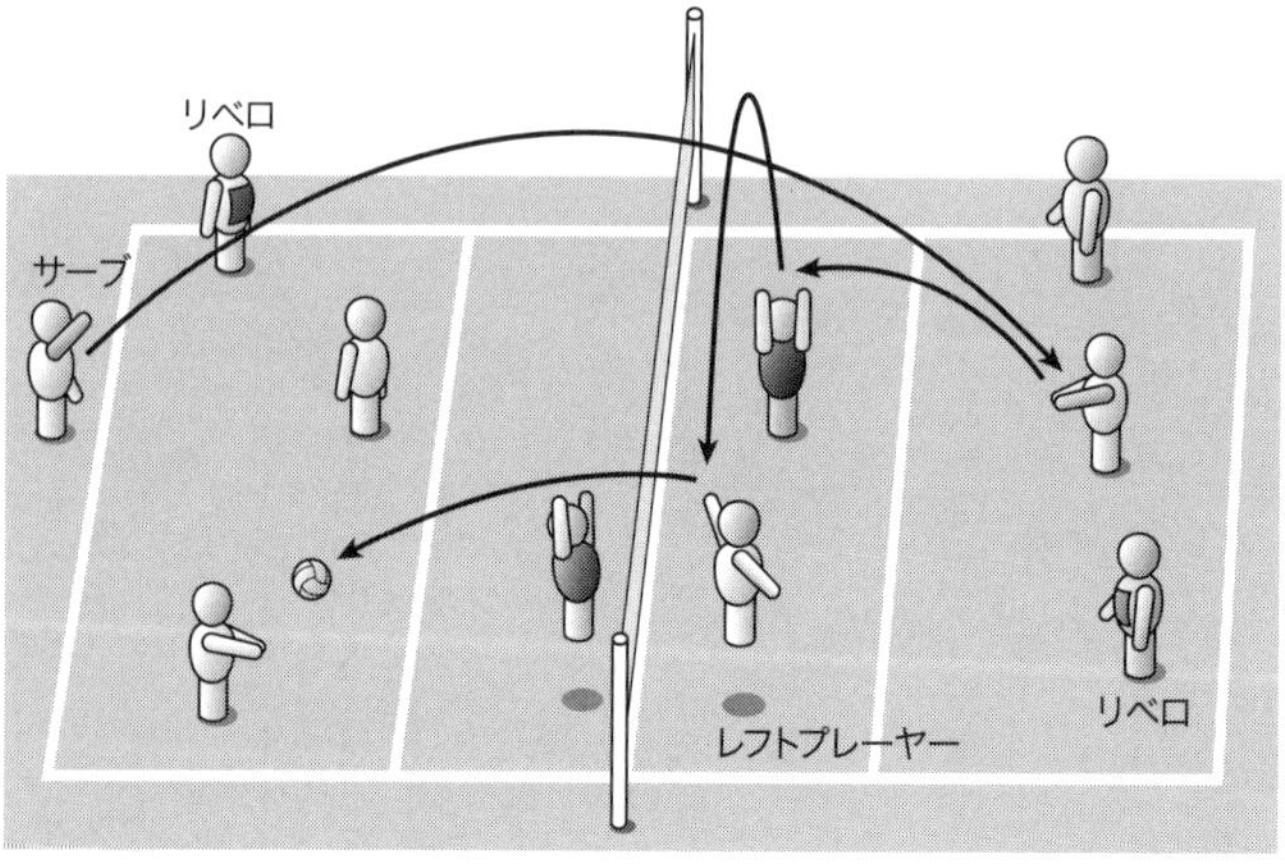

図15　サーブレシーブその1

センタープレーヤーの攻撃のみに限定することでセンタープレーヤーの強化を図る。

〈練習方法〉

① サーブは交互に打つ。

② サーブレシーブからの攻撃はクイックのみとする。

③ サーブレシーブからのクイックには、ブロックは2枚（センタープレーヤーとセッター）つく。その後の攻撃に対しても、出来る限りブロックにつく。

④ 最初のサーブカット以外は、どこから攻撃しても良い。ただし、バックアタックもしくは、クイックでの攻撃とする。

⑤ 得点方法は、前記の練習と同様にラリーに勝つと1ポイント入る。

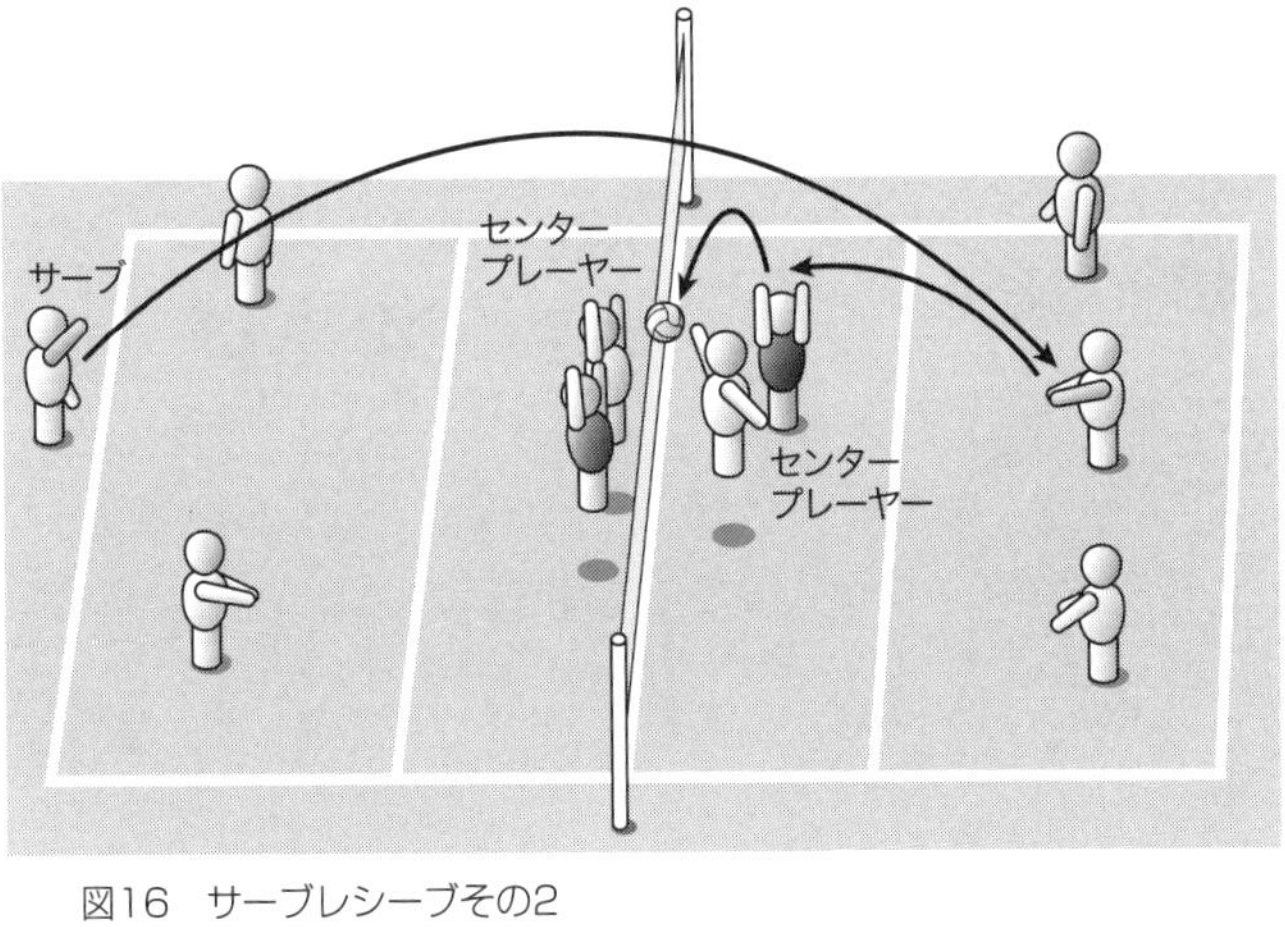

図16　サーブレシーブその2

6 サーブレシーブvsサーブ

〈練習目的〉

サーバーとレシーバーの対戦形式にすることで、実践の緊張を踏まえた「しのぎ合い」の中での技術向上をねらう。

〈練習方法〉

① 時間を決めて行なう。
② 時間内で互いにどれだけ得点できるかを競う。
③ サーブミスはレシーブチームのリトルポイントとする。
④ レシーブチームは5本連続AかBカット、すなわち連続5点のリトルポイントで1ビックポイントとなる。
⑤ サーバーは、レシーバーに2本連続AかBカットされなければ、1ポイント入る。

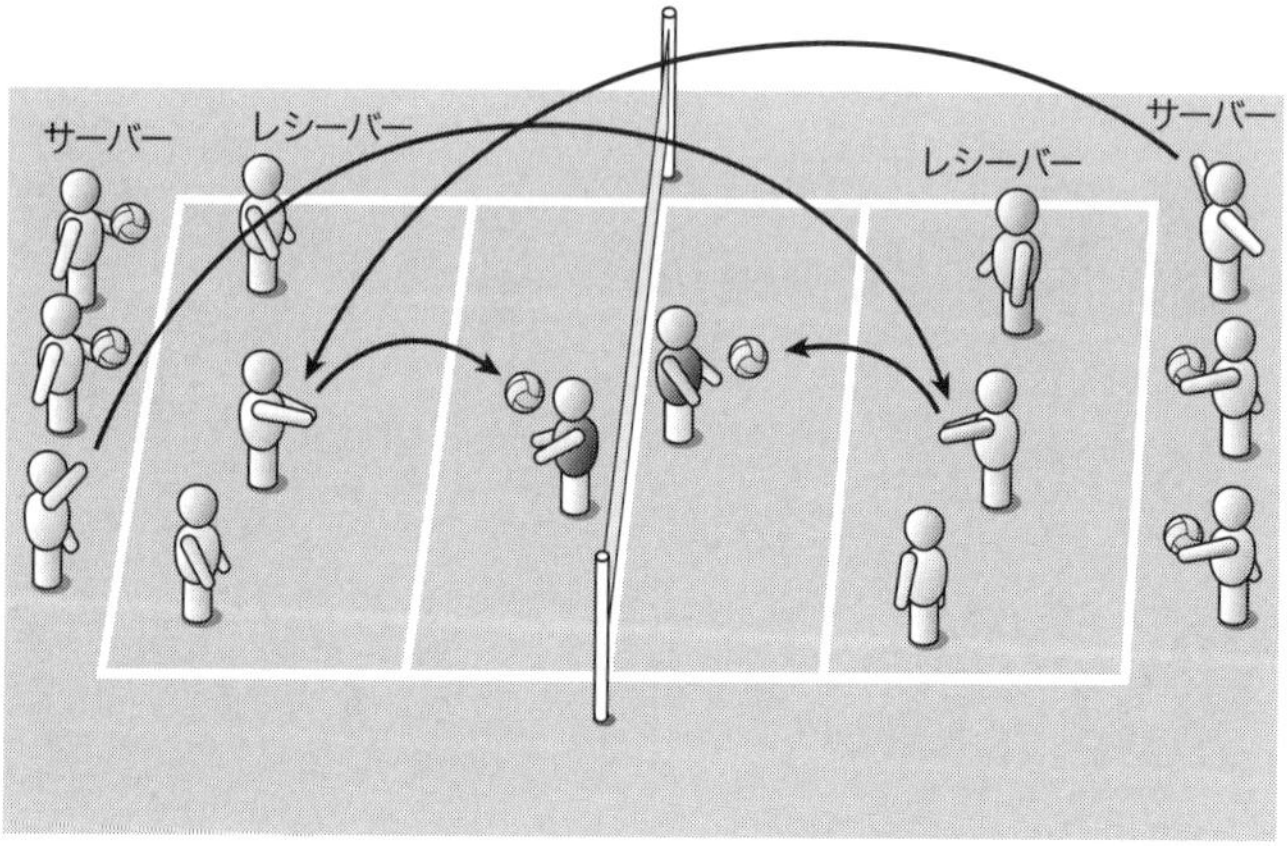

図17　サーブレシーブvsサーブ

7 6人対6人のゲーム形式（ウォシュゲーム）

〈練習目的〉

ゲーム形式の練習の中で反応の機会を多くする。点を入りにくくすることで緊張場面を作る。各ローテーションの効果率も計ることができる。

〈練習方法〉

① オフェンスチームがサーブレシーブからのラリーに勝ったら、オフェンスチームのコートにチャンスボールを入れる。このラリーも取るとオフェンスチーム（O）にポイントが入る。

② オフェンスチームとディフェンスチームが、1本ずつラリーを取ったら、W（wash：お流れ）となりどちらのポイントにもならない。この場合は、どちらが先にラリーを取っても、次のラリーを反対側のチームが取れば同じこととなる。

③ ディフェンスチームが2本ともラリーを取るとディフェンスチーム（D）にポイントが入る。

④ 1ラリー：サーブレシーブから1本とラリー（チャンスボール）1本

⑤ 1ローテーションごとにサーブからとサーブレシーブから5回繰り返し行なう。

⑥ 各ローテーションのラリー取得率をだす。その取得率が高いローテーションが多いほうのチームの勝ち。

まとめに代えて

しばしば本書でもその言動を引き合いに出してメンタルマネジメントの実践の好例としたアメリカメジャーリーグで活躍中のイチロー選手。意外にも彼の身長は１ｍ75㎝とメジャーでは小柄ながら、抜きんでた技術と集中力で、たとえば２００４年シーズン、メジャーリーグ年間最多安打記録を更新するなどこれまで毎年好結果を残してきた。そのイチロー選手が２００４年8月12日、ツインズ戦で3安打を放った後のインタビューで次の様なコメントを残している。

「体の衰えを精神面でカバーできるか？　可能性はある。ただ、その逆はない。気持ちが落ちて、体でカバーできることはありません」(http://www.sanspo.com/mlb/top/mt200408/mt2004081201.html)

競技力の発揮に際して、いかにメンタル面の充実が重要であるかを、体力に優先するものとして述べているのである。

本書ではバレーボール選手にとってのメンタルマネジメントの重要性に関して競技力発揮に関連づけて考えてきた。その際の筆者の根っこにある部分、もっとも強調したい部分は上記のイチロー選手の言葉に集約されているといっても過言ではないかもしれない。

遠藤俊郎

引用・参考文献

1) 松田岩男他『昭和60年度　日本体育協会スポーツ医・科学研究報告（No.Ⅲ　スポーツ選手のメンタルマネジメントに関する研究　第1報）』１９８６、i—iv

2) ジム・レアー『勝つためのメンタルトレーニング』スキージャーナル、１９８７

3) 遠藤俊郎他「オリンピック出場選手及びコーチの心理的問題等の調査　Ｉバレーボール」『平成４年度　日本オリンピック委員会スポーツ医・科学研究報告（No.Ⅲ　チームスポーツのメンタルマネジメントに関する研究　第３報）』１９９３、60—63頁

4) 霜禮次郎・香西俊輔「ライフル射撃競技のメンタルマネージメントの報告」『昭和60年度　日本体育協会スポーツ医・科学研究報告（No.Ⅲ　スポーツ選手のメンタルマネージメントに関する研究　第1報）』Vol.2、１９８６、１２３—１３５頁

5) Hodges,J.:Sports mind 'Flaxton, Qld, Hawk Personal Excellence.1993

6) カール・マクガウン編著／杤堀申二監修／遠藤俊郎他訳『バレーボールコーチングの科学』ベースボール・マガジン社、１９９８、15—52頁／85—87頁

7) シェーン・マーフィー著／廣淵升彦訳『アチーヴメント・ゾーン　未来を切り開く心理学』文芸春秋、１９９７、37—74頁／２０５—２３７頁

8) 松田岩男・杉原隆編著『運動心理学入門』大修館書店、１９８７、74—75頁

9）レイナー・マートン著／猪俣公宏監訳『コーチングマニュアル　メンタルト・レーニング』大修館書店、１９９１、１８０―１９７頁

10）竹中晃二「ＰＯＭＳ短縮版及び応用版の検討」『日本スポーツ心理学会第20回大会研究発表抄録集』Ｄ-01、１９９３

11）遠藤俊郎他「全日本ジュニア選手の心理的コンディションの変化とその調整に関する研究（第1報～第3報）」『平成5年度～7年度　日本体育協会スポーツ医・科学研究報告（No.Ⅲ　ジュニア期のメンタルマネジメントに関する研究）』１９９４―１９９６

12）遠藤俊郎「日本語版SCAT-C（Sport Competition Anxiety Test）標準化の試み（Ⅱ）」『山梨大学教育学部研究報告』37、１９８７、１２２―１２８頁

13）遠藤俊郎「トレーニング日誌の利用」『平成7年度　日本体育協会ＪＯＣスポーツ医・科学研究報告（No.Ⅲ　ジュニア期のメンタルマネジメントに関する研究　第3報）』１９９５、１４８―１５４頁

14）杉原　隆「『無心』という究極の集中」宮本貢編『朝日ワンテーママガジン③メンタル・トレーニング読本』朝日新聞社、１９９３、56―65頁

15）ジム・レーヤー著／小林信也訳『メンタル・タフネス』ＴＢＳブリタニア、１９９７、１１７―１２１頁

16）山中寛・冨永良喜編著『動作とイメージによるストレスマネジメント教育　基礎編』北大路書房、２０００、30頁

17）ポール・ウィルソン著／木村貞子訳『瞬間リラックス』河出書房新社、１９９７、１４８―１５０頁

18) ケン・ラビザ&トム・ヘンソン著／高妻容一他訳『大リーグのメンタルトレーニング』ベースボール・マガジン社、１９９７、１０３―１１９頁
19) 田中博史・遠藤俊郎・高橋宏文・加戸隆司「バレーボールにおけるサーブの準備行動に関する研究」『バレーボール研究』第3巻、第1号、２００１、54頁
20) 市村操一『トップアスリーツのための心理学』同文書院、１９９３、34―47頁
21) Van Raalte, J.L., et al:The relationship between observable self-talk and competitive junior tennis players' match performance, Journal of Sport & Exercise Psychology, 16, 4, 400-415, 1994
22) Weinberg,R.S.&Gould,D.:Foundations of sport and exercise psychology 2nd ed.,273-274,1999
23) Nideffer,R.M.:Test of Attentional and Interpersonal Style interpreter's manual, Behavioral Research Applications Group,Inc. 1977
24) M・チクセントミハイ著／今村浩明訳『フロー体験 喜びの現象学』世界思想社、１９９６
25) トーマス・タッコ&アンバート・トッシー著／松田岩男・池田並子訳『スポーツ・サイキング』講談社、１９７８
26) シーラ・オストランダー他編『スポーツ・スーパーラーニング』朝日出版社、１９８１、１５３―１６４頁
27) 杉原隆「集中力トレーニング」『昭和61年度 日本体育協会スポーツ医・科学研究報告（№Ⅲ スポーツ選手のメンタルマネジメントに関する研究 第2報）』１９８７、64―71頁
28) 遠藤俊郎「集中力から見たバレーボール選手の心理的適正に関する研究―注意様式の因子構造について―」

『山梨大学教育学部研究報告』42、１９９２、１４４—１５５頁
29）遠藤俊郎「ジュニア期のスキー競技選手に対するメンタルマネジメントに関する研究　第３報」『平成10年度　ＪＯＣスポーツ医・科学研究報告（№Ⅳ　冬季種目のメンタルマネジメントに関する研究　第３報）』１９９９、38—58頁
30）Martin, K.A.,Moritz,S.E.&Hall,C.R.:Imagery use in sport: A literature review and applied model. The Sport Psychologist,13,245-268,1999
31）猪俣公宏編／ＪＯＣ・日本体育協会監修『選手とコーチのためのメンタルマネジメント・マニュアル』大修館書店、１９９７、53—65頁
32）Zhang Li-Wei, Ma Qi-Wei, Terry Orlick and Louise Zitzelsberger: The effect of mental-imagery training on performance enhancement with 7-10-year-old children, The Sport Psychologist,6,230-241,1992
33）内山秀一他「小学生の作家　技術練習におけるメンタル・プラクティスの効果」『日本スポーツ方法学会第４回大会号』１９９３、35頁
34）北森義明『驚くほど人間関係がラクになる本』東洋経済新報社、２００３、12—16頁
35）エリッヒ・バイヤー編／朝岡正雄監訳『日独英仏対照　スポーツ科学辞典』大修館書店、１９９３、１７７—１７８頁

[著者紹介]

遠藤俊郎（えんどう　としろう）

1955年、長野県生まれ。筑波大学体育専門学群を卒業後、同大学院修士課程に進学。

山梨大学教育人間科学部教授、大東文化大学スポーツ・健康科学部教授を経て、現在、山梨学院大学スポーツ科学部教授（学部長）。専門は、スポーツ心理学、コーチング理論。

バレーボール学会会長、JOC科学サポート部員、公益財団法人日本バレーボール協会評議員、日本代表女子ジュニアバレーボールチームメンタルトレーナー、日本代表男子シニアバレーボールチームメンタルアドバイザーなどを務める。

また、日本体育協会上級コーチ（バレーボール）、国際バレーボール連盟公認コーチ（レベルⅢ）などの資格を有する。

バレーボールのメンタルマネジメント

——精神的《せいしんてき》に強《つよ》いチーム・選手《せんしゅ》になるために

NDC783／vi, 200P／19cm

初版第１刷——2007年７月１日

第４刷——2018年９月１日

著者——**遠藤俊郎《えんどうとしろう》**

発行者——**鈴木一行**

発行所——**株式会社大修館書店**

〒113-8541　東京都文京区湯島2-1-1

電話03-3868-2651（販売部）03-3868-2299（編集部）

振替00190-7-40504

[出版情報] https://www.taishukan.co.jp

装丁者——石山智博／イラスト——阿部彰彦

印刷——三松堂印刷

製本——ブロケード

ISBN978-4-469-26625-2　Printed in Japan